日本で学ぶ留学生のための
中級日本語教科書

出会い

本冊　テーマ学習・タスク活動編

●

東京外国語大学留学生日本語教育センター　著

ひつじ書房

目次

- はしがき ……………………………………………………………… 4
- 本書の使い方（学習者のみなさんへ）……………………………… 6
- 本書の使い方（先生方へ）…………………………………………… 10

第1課　異文化との出会い
- ■ トピック1　留学することの意義 ………………………………… 16
- ■ トピック2　街で見つけたおもしろいもの ……………………… 24
- ■ タスク1　　発表「街で見つけたおもしろいもの」…………… 32

第2課　人生とキャリア
- ■ トピック1　「就活」を考える …………………………………… 46
- ■ トピック2　留学生の先輩に聞く「日本の職場」……………… 54
- ■ タスク2　　インタビュー「私のキャリアプラン」…………… 66

第3課　地域と共に生きる
- ■ トピック1　商店街でみんな元気に ……………………………… 88
- ■ トピック2　豆腐で地域を元気にしたい ………………………… 98

第4課　自然との共生

- トピック1　里山―自然と人間が共生する場所― ……………… 110
- トピック2　自然と共生する町―松代― ……………………… 120
- タスク3　発表「地域の名所を紹介する」 …………………… 130
- レポートを書いてみよう―レポートの文体（書き言葉）― ……… 147

第5課　「食」にみる世界

- トピック1　1杯のコーヒーから世界を考える ………………… 154
- トピック2　フードマイレージ―「食」から環境を考える― …… 164

第6課　子どもと教育

- トピック1　教室のお客様 …………………………………… 176
- トピック2　子どもたちに本を読む喜びをあげたい …………… 186
- タスク4　インタビュー「私のボランティア経験」 …………… 198

この教科書によく出てくることば ……………………………… 216
参考文献 ……………………………………………………… 219
取材・校閲にご協力いただいた方々 …………………………… 221
CDの収録内容 ………………………………………………… 222

はしがき

　本書は、主に日本国内で日本語を学ぶ留学生のための教科書です。交換留学生のための日本語プログラムや、夏期コースなどの短期留学プログラム、学部・大学院進学のための予備教育課程など、多様な日本語プログラムでお使いになることができます。学習者の日本語レベルは、中級後半を想定しています。

　本書の主な目的は、①日本社会や日本文化に関する生きた知識を獲得すること、②自分の考えを日本語で互いに伝え合う力を養うこと、③クラスメートや地域の人々など身近な他者と積極的に関わっていく力を養うことです。教科書の中だけの知識、教室の中だけの日本語で終わらせるのではなく、日本留学での様々な経験や人との出会いを通して、この教科書で学んだ知識や日本語を自分のものにしていって欲しいと考えています。

　本書では、留学生として一度は考えて欲しい、日本社会・日本文化に関する6つのテーマ（異文化との出会い、人生とキャリア、地域と共に生きる、自然との共生、「食」にみる世界、子どもと教育）を取り上げ、全6課の構成としています。各課にはトピック1（文章体の読解教材）とトピック2（口語体の聴解教材）の2つの本文があり、読む・聞くという活動を通して、その課のテーマについて学べるようになっています。また、学習者が本文の内容を自分に引きつけて考え、理解を深められるよう、それぞれのトピックには、本文学習の前に「考えてみよう」、本文学習の後に「話し合ってみよう」というディスカッションのための問いがあります。これらの問いは、学習者同士が意見を伝え合い、学び合うためにも大切なものです。

　さらに、本書には、それぞれのテーマについて学んだことをもとに、地域社会や地域の人々と積極的に関わっていくための4つのタスク（発表とインタビュー）があります。タスクはテーマと深く結びついていて、タスクの遂行にはテーマの理解が不可欠です。タスクを通して、そのテーマについて自分が調べたことや考えたことを日本語で発信していくことができると同時に、自分が暮らしている地域社会や地域の人々との関わりの中で、教科書に書かれていることを再考することができるはずです。

インターネット等のメディアを通して、世界中どこにいても日本に関する情報が手に入る今日だからこそ、日本に留学することでしか得られない「出会い」や学びを実現したい。本書にはそんな思いが込められています。本書が日本で学ぶ留学生一人ひとりの留学経験を、より豊かで有意義なものにする一助となることを祈っております。

　この教科書を作成するにあたっては、巻末にご尊名を記載させていただきましたが、多くの方々に取材や校閲、資料提供などのご協力をいただきました。素晴らしい出会いと温かい励ましの声に支えられて本書を出版できますこと、心より感謝申し上げます。また、武蔵野大学グローバル・コミュニケーション学部教授の山本富美子氏には、本書の企画の段階で貴重なご意見をいただきました。広島大学大学院教育学研究科講師の金愛蘭氏には、本書の語彙分析にご協力いただきました。そして、東京外国語大学留学生日本語教育センター非常勤講師の熊田道子氏、福岡理恵子氏をはじめ、当センターの先生方には数々の建設的なご意見やご指摘をいただきました。教務補佐の徳永奈美氏には、図表作成や体裁の整備など、細かく膨大な作業を根気強く担当していただきました。この場をお借りして、お礼申し上げます。

　最後に、本書の出版を実現させてくださった、ひつじ書房社長の松本功氏、編集をご担当いただいた森脇尊志氏に心より感謝申し上げます。

2015年5月
東京外国語大学留学生日本語教育センター
新中級日本語総合教材開発プロジェクト
（工藤嘉名子・大津友美・菅長理恵・中井陽子）

本書の使い方（学習者のみなさんへ）

みなさんへのメッセージ

　この本は、日本で日本語を学ぶ中級（後半）レベルの留学生のための教科書です。この教科書には、日本の社会や文化について、みなさんに一度は考えて欲しい6つのテーマがあります。どのテーマも一人で勉強するだけでは、深く理解することができません。クラスで自分の意見を述べたり、クラスメートの意見を聞いたりすることによってはじめて、教科書に書かれていることがもっと豊かで生き生きとした内容に感じられるはずです。多様な意見に耳を傾け、自分の視野や思考の幅を広げて欲しいと思います。

　さらに、この教科書には、学習したテーマに関係のある4つのタスクがあります。テーマについて自分が調べたことや考えたことを発表したり、日本人学生や地域の人々にインタビューしてわかったことを報告したりすることで、本文で学んだ知識や日本語を本当に自分のものにすることができるでしょう。同時に、地域社会を自分の目で見たり、地域の人の話を自分の耳で聞いたりすることによって、教室の外の世界や人々のことがもっとよく理解できるはずです。

　異文化との出会い、新しい知識との出会い、地域の人々との出会い、素晴らしい友人たちとの出会い。たくさんの出会いが、きっとみなさんの留学生活を豊かで有意義なものにしてくれると信じています。

教科書のテーマとタスク

　この教科書には全部で6つの課があります。各課には、トピック1とトピック2の2つの本文があります。トピック1は、読解のための教材で、書き言葉（「だ・である」体）で書かれています。トピック2は、聴解教材で、発表や会話の音声を聞いて理解するためのものです。読む・聞くという活動を通して、テーマについて多面的に理解し、考えることができます。

　また、第1課、第2課、第4課、第6課の後には、本文で学習したテーマについての発表またはインタビューのタスクがあります。タスクは全部で4つあります。各課のテーマと4つのタスクの関係は、表1の通りです。

表 1：『出会い』の6つのテーマと4つのタスク

課	テーマ	タスク
第1課	異文化との出会い	発表「街で見つけたおもしろいもの」
第2課	人生とキャリア	インタビュー「私のキャリアプラン」
第3課	地域と共に生きる	発表「地域の名所を紹介する」
第4課	自然との共生	
第5課	「食」にみる世界	インタビュー「私のボランティア経験」
第6課	子どもと教育	

学習の進め方

【トピック1】

教科書の構成にしたがって、次のように進めるとよいでしょう。

①考えてみよう…トピックに関する3つの質問があります。本文を読む前に、そのトピックについて自分が知っていることや考えたことをグループで話し合ってみましょう。

②予習シート…クラスで本文の内容を確認する前に、自分で本文を読んで、本文の要点を理解しておきましょう。この教科書は予習が不可欠です。予習シートは必ずやってください。

③読解に必要なことば…本文の内容理解に必要な大切な言葉です。本文の内容を説明したり、自分の考えを話したりするときにも使うので、覚えておくとよいでしょう。

④読んでみよう…トピック1の本文は、少し抽象的な内容の文章です。本文の内容を自分の言葉で説明できるよう、具体例を考えながら読んでください。予習するときには、よくわからないところにアンダーラインを引きながら読むとよいでしょう。

⑤資料…本文理解の助けとなる写真や図表などです。本文を読むときに使ってください。

⑥内容理解のための質問…本文の要点を整理するための質問です。本文の内容がどのぐらい理解できたか自分で確認してください。

⑦話し合ってみよう…本文の内容をより深く理解するための質問です。グループで話し合い、話し合ったことをクラスで共有します。「話し合いのメモ」に話し合ったことをメモしておきましょう。

【トピック2】
　教科書の構成にしたがって、次のように進めるとよいでしょう。
①考えてみよう…トピック1と同じように、聴解の前にトピックについて、グループで話し合ってみましょう。
②場面・解説…場面の説明をよく読んで、だれがどんな場面で話しているのかイメージしてください。用語の解説があるときには、解説を読んでおくと、理解の助けになります。
③聴解に必要なことば…音で聞いて理解できるよう、言葉の発音も確認しておきましょう。
④聞いてみよう…STEP 1～STEP 3の指示にしたがって、聴解を進めてください。グループで、聞き取った内容を確認して、ノートやレジュメを完成させます。ここでは、話のキーワードや要点がわかればよいので、細かい表現が聞き取れなくても大丈夫です。
⑤資料…理解の助けとなる写真や図表などです。聴解をするときやスクリプトを読むときに使ってください。
⑥話し合ってみよう…トピックについて、グループで話し合い、話し合ったことをクラスで共有しましょう。
⑦スクリプト…聴解音声のスクリプトです。スクリプトを読むと、「聞いてみよう」で聞き取れなかった内容や表現が確認できます。スクリプトは、「話し合ってみよう」の前に読んでおくとよいでしょう。

【タスク】
　タスクには、8～9のSTEPがあります。どのSTEPもタスクの目的を達成するのに必要なものです。各STEPの指示にしたがって、タスクを進めましょう。なお、タスクをする上で特に大切なことが2つあります。以下のことを頭において、タスクに取り組んでください。

①タスクの目的をよく理解すること…タスクの目的は、単に日本語で発表やインタビューをすることだけではありません。他の人の発表やインタビュー報告を聞いたりディスカッションしたりすることで、そのテーマについての理解を深めることも大切です。タスクを始める前に、タスクの説明をよく読んで、目的やタスクのSTEPをしっかり理解しておきましょう。

②タスクの目的が達成できたか自分自身で評価すること…各タスクの最後に「Can-doチェック表」を使った自己評価があります。これは、タスクの目的やタスクで学んだ大切なポイントがどのぐらい達成できたか、自分でチェックするためのものです。教師の評価に頼らず、自分自身の達成度が評価できるようになることが大切です。タスクを始める前に、「Can-doチェック表」を見て、評価のポイントを確認しておくとよいでしょう。

巻末の資料・付録

①この教科書によく出てくることば…この教科書で何度も使われる言葉のリストです。□印の言葉が基本的な語で、全部で70語あります。これらの言葉は、この教科書で学習するうちに自然に身につくと思いますが、□印の言葉を覚えたかどうか、教科書の学習が全部終わった後で、自分でチェックしてみてください。教科書で学んだことを振り返るのにも役立つでしょう。

②語彙リスト…付録の冊子にトピック1とトピック2の語彙リストがあります。語彙リストには、日本語能力試験N3(旧2級)以上の語と、その読み方、英訳が載っています。英語がわかる場合には、辞書を使わずにこの語彙リストで意味を調べるとよいでしょう。冊子は取り外して使うことができます。

③CD(音声)…教科書にはCDが付いています。CDには、トピック1「読んでみよう」の本文、トピック2「聞いてみよう」の音声が入っています。トピック1の本文の発音を確認したり、トピック2の「聞いてみよう」で聞き取れなかったことを確認したりするのに使ってください。

付属のCDに収録されている音声データをダウンロードしてご利用いただけます。詳しくは巻末の語彙リスト最終ページ掲載の「CDの音声データのダウンロード方法」をご覧ください。

※この教科書には、『出会い【別冊 文型・表現練習編】』もあります。トピック1の本文理解に必要な文型や、トピック2の聴解で必要な話し言葉の表現の練習ができます。本書といっしょに使うと、さらに日本語の力が伸びるはずです。

本書の使い方（先生方へ）

本書のねらい

「はしがき」「本書の使い方（学習者のみなさんへ）」でも述べましたが、本書には、日本で学ぶ留学生として一度は考えて欲しい、日本社会・日本文化に関する6つのテーマと、テーマに関連した4つのタスクがあります。これらの学習を通して、学習者には次のような力を高めて欲しいと考えています。

　①自分自身や身近にいる他者、地域社会との関係性の中で、日本社会や日本文化について日本語で理解し、考える力
　②自分が調べてわかったことや考えたことを日本語で伝え合う力
　③クラスメートや教室の外の人々と積極的に関わっていく力

　こうした力を獲得する上で、もちろん日本語の語彙や文型などの言語的知識は大切です。しかし、本書は、語彙や文型を学ぶことを第一に考えて作成した教科書ではありません。内容を重視した本文学習、テーマについてより深く理解するためのタスクを通して、テーマの学習に必要な言語的知識やスキルが自然に身につくはずです。

　一人ひとりの留学生が日本社会でより多くの出会いに恵まれるよう、本書を媒介として、協働の学び合いや、地域社会や地域の人々との関係づくりをサポートしていただければ幸いです。

本書の対象

　本書は、日本国内で日本語を学ぶ中級後半レベルの学習者を主な対象としています。具体的には、次のようなプログラムで学ぶ留学生を想定しています。

　①半年から1年の交換留学生のための日本語プログラム
　②ショートステイ、ショートビジットなどの短期留学プログラム
　③学部・大学院進学のための予備教育課程や留学生別科のプログラム

　海外で使用される場合には、現地の状況や地域の特性に応じて、タスクをアレンジしてお使いになるとよいでしょう。

学習時間

　本書『出会い【本冊　テーマ学習・タスク活動編】』には、『出会い【別冊　文型・表現練習編】』があります。別冊と合わせてご使用になることをお勧めします。その場合、1コマ90分とすると、想定される学習時間は65コマ程度です。週4～5コマのクラスであれば13～15週間、週8～10コマの集中クラスであれば6～8週間程度になります。時間配分の目安は次の通りです。【別】は【別冊】、【本】は【本冊】を表します。学習者が予習や準備を十分しているという想定で、各課の学習に6～7コマ、一つのタスクに5コマの配分です。ただし、第5課、第6課のトピック1は本文の難易度が高いので、もう少し時間が必要です。

①【別】トピック1「文型」…1～1.5コマ
②【本】トピック1…2コマ
③【別】トピック2「表現」…1～1.5コマ
④【本】トピック2…2コマ
⑤【本】タスク…5コマ（20名以下のクラスの場合）

教科書のテーマとタスク

　各課のテーマと4つのタスクは、「本書の使い方（学習者のみなさんへ）」の表1の通りです。テーマは、自分や身近な他者との関わりを考えるもの（第1課・第2課）から、身近な地域社会との関わりを考えるもの（第3課・第4課）、日本と世界との関わりを考えるもの（第5課・第6課）へと、その文脈が広がるよう配列してあります。また、内容や表現の抽象度・難易度も高くなっていきます。

　タスクも徐々に作業が複雑になっていきますが、前のタスクで学んだことを応用しながら新しい課題がこなせるよう構成されています。また、4つのタスクを通して、話し言葉と書き言葉の適切な使い分けができるようになるはずです。

指導のポイント

　当たり前のことですが、限られた授業コマ数を有効に使うためには、予習や宿題（学習者自身でできること）と教室活動（授業でなければできないこと）をうまく組み合わせて進めることが大事です。以下に、トピック1、トピック2、タスクの指導のポイントを、授業の進め方に沿ってご説明します。

【トピック1（読解）】

①考えてみよう…本文のテーマの導入をし、学習者の既有知識の活性化を図ります。「考えてみよう」で話し合った内容は、板書するなどして目に見える形で共有するとよいでしょう。

②読解に必要なことば…日本語で言葉の意味を説明したり、文レベルでの使い方を確認したりしてください。写真や絵で説明できるものは、画像イメージも提示するとよいでしょう。

③予習シート…学習者が自力で本文の要点をつかむためのものです。学習者の自律学習を促すためにも、予習シートは宿題にしてください。授業では、予習シートの答えをペアで確認させるなどして、あまり時間をかけずに本文の要点を押さえるとよいでしょう。

④読んでみよう…授業では、ペアまたはグループで本文を読ませ、本文の内容を自分の言葉で説明させたり、読んでわからない内容や日本語の表現を質問させたりすると、学習者は能動的に読解を進めることができます。本文を正確に理解させることも大切ですが、本文に対する疑問や意見を引き出すための問いかけを工夫してみてください。また、文字情報だけでは具体的にイメージできない事柄については、「資料」の写真や図表などを用いてイメージ化させるとよいでしょう。

⑤内容確認のための質問…「内容確認のための質問」の質問を念頭において本文の読解を進めるとよいでしょう。授業ではあまり時間をかけずに、宿題として提出させ、クラスでフィードバックするなどしてください。

⑥話し合ってみよう…3～4人のグループで設問について話し合わせ、その内容について発表させたり板書させたりして、クラスで共有してください。本文読解の前の「考えてみよう」で話し合った内容と比較すると、本文の学習によってテーマについての理解が深まり、日本語の表現力も伸びていることが実感できるはずです。

【トピック2（聴解）】

①考えてみよう・聴解に必要なことば…トピック1の進め方と同じですが、耳で聞いて理解できるよう、言葉の発音も確認してください。

②場面・解説…理解を促進するために、聴解の前に場面の確認と用語の解説をするとよいでしょう。

③聞いてみよう…STEP 1～STEP 3の指示にしたがって進めてください。STEP 1で一人では聞き取れなかったことも、STEP 2～3で学習者同士が協力することで聞き取れるようになるはずです。STEP 3では、一回目の聴解で聞き取れなかったことを意識させながら再度、音声を聞かせてください。

④スクリプト…ペアやグループでスクリプトを読んで、「聞いてみよう」で聞き取れなかった内容や表現を確認させます。発表やインタビューなどの談話の展開に必要な表現形式を意識させるとよいでしょう。

⑤話し合ってみよう…トピック1と同じように進めてください。

【タスク】

①タスクの進め方…タスクのSTEPにしたがって進めてください。学習者が明確なイメージを持ってタスクに取り組めるよう、タスクの説明の際には、タスクの目的や成果物、作業手順について十分説明してください。また、そのタスクをやることで何ができるようになるのか、「Can-doチェック表」の内容を先に確認しておくとよいでしょう。

②タスクの評価…本書には、各タスクの最後に「Can-doチェック表」があります。これは、学習者がタスクの過程や成果を振り返り、自分自身の達成度を評価するためのものです。Can-doチェックは、自身の伸びや改善点を知る上でも有効です。Can-doチェック表をそのまま、あるいは、必要な評価項目を取り出して教師評価やピア評価に使うことも可能です。

教科書のルビ

本書では、旧日本語能力試験の出題基準で2級以上の語彙および2級以上の漢字を含む語彙にルビを振っています。各ページの初出の語にのみルビを振ってありますが、人名や地名などの固有名詞は総ルビになっています。

巻末の資料・付録

「本書の使い方（学習者のみなさんへ）」(p.9)をご参照ください。

第1課

異文化との出会い

トピック

1

留学することの意義

[読む]

1　考えてみよう

1．人は何のために留学をすると思いますか。

2．あなた自身は、なぜ日本に留学したのですか。

3．「異文化」と聞いて、何をイメージしますか。

予習シート

本文の内容について、合っているものには「○」、合っていないものには「×」をつけなさい。

① 留学することの最大の意義は、その国の言葉がうまくなることである。　[　]

② 日本留学で出会う三つの異文化は、日本文化と自国の文化と自分自身の文化である。　[　]

③ 日本語と日本文化の密接な関係について知ることが大切である。　[　]

④ 他の国から来た留学生と交流すると、日本文化がよくわかる。　[　]

⑤ 自文化を考え直すことは、自分が何者かを知るのに役に立つ。　[　]

[読解に必要なことば]

☐留学(りゅうがく)する
☐日本留学(にほんりゅうがく)
☐意義(いぎ)
☐異文化(いぶんか)と出会(であ)う
☐日本文化(にほんぶんか)
☐多様(たよう)な文化(ぶんか)
☐密接(みっせつ)な関係(かんけい)
☐友人(ゆうじん)
☐クラスメート

☐異文化交流(いぶんかこうりゅう)
☐自国(じこく)
☐他国(たこく)
☐自分自身(じぶんじしん)
☐自文化(じぶんか)
☐意識(いしき)する

2　読んでみよう

 留学することの意義

　今日だけで、どれほど多くの若者が、日本留学のために故郷を後にして、成田空港に降り立つことだろう。留学生たちの大きなスーツケースや、様々な色の瞳を思うたびに、私は留学の意義とはいったい何だろうか、と考える。それは、その国の言葉が上手になることだろうか。それとも、研究を完成させることだろうか。

　それらを否定するわけではない。しかし、私は、留学にはそれらを超えた特別な意義があると思う。それは、異文化と出会えることだ。たとえば、日本に留学することによって、人は三つの異文化と出会うことができる。

　その一つはもちろん、日本文化だ。日本の歴史は長く、多様な文化が混在している。新幹線が通り過ぎる線路のすぐそばに、のどかな田園風景が広がっている。東京スカイツリー観光から帰ってきた一家が、焼き魚に味噌汁といった昔ながらの家庭の味を楽しむ。

　どれを取っても留学生には珍しいものだが、特に目を向けてほしいのは、日本語と日本文化の密接な関係だ。言葉と文化は切り離せないものだ。韓国出身の学生、Kさんは、帰国するとき、私にこう話してくれた。

　——日本語の勉強を始めたばかりのころ、家族や友達以外の人と話すときには「お父さん」「お母さん」ではなく、「父」「母」を使うというのを知って、驚きました。でも、日本で暮らしているうちに、相手が「ウチ」の関係か「ソト」の関係かで言葉を使い分けることの大切さに気づきました。

　二つ目は、他の留学生の国の文化である。寮のキッチンで知り合った友人から、国の料理を教えてもらう。授業のディスカッションで、クラスメートから、

これまでは考えもしなかった意見を聞く。それらもまた、留学によって知る異文化にほかならない。そして、自分自身もまた、クラスメートや友人にとっては、異文化である。こうした他国の留学生との異文化交流も、日本に留学してはじめて出会うことができる、貴重な経験なのだ。

そして三つ目の異文化とは、実は自国や自身の文化である。自文化というものは、普段はあまり意識することがない。けれども、留学によって出会う日本文化や他国の文化が鏡になって、それまで意識することのなかった自文化について考えるようになる。そのとき、自文化が、まるで初めて出会う異文化のように感じられることだろう。イタリア出身の留学生、Aさんは、お別れパーティの席で、こんなことを私に話してくれた。

——集まりに遅刻するたびに、日本人から白い目で見られました。でも、その経験を通して、僕はイタリア人の時間の捉え方とは何か、考えはじめました。

自文化を絶対のものとせず、世界の多様な文化の一つと考えて、それを再考することは、自分がだれなのかを知るのに最良の方法である。

日本語がうまくなることも、研究を進めることも、もちろん大切だろう。しかし、自分が何者かを知る手がかりが見つかるのなら、何時間も、時には何日もかけて「成田へ降り立つ」意義は、十分にあるのではないだろうか。

荒川洋平（東京外国語大学 教授）

内容確認のための質問

1. 日本留学で出会える三つの異文化とは何か。
   ①（　　　　　　　）、②（　　　　　　　）、③（　　　　　　　）

2. 「多様な文化が混在している」（ℓ9–10）の例を、本文から二つ探しなさい。
   ① _____
   _____
   ② _____
   _____

3. 韓国出身の学生は、日本語と日本文化の関係について、どのようなことに気づいたのか。
   日本語では、_____によって、
   _____ことが大切だということ

4. 「他国の留学生との異文化交流」（ℓ24）の例を、本文から二つ探しなさい。
   ① _____
   ② _____

5. 日本留学で出会う「自文化」とはどのようなものか。

　　普段は（　　　　　）しないが、（　　　　　　）や（　　　　）と

　　出会ってはじめて、（　　　　　　　）ようになるもの

6. 「自文化を再考することは、自分がだれなのかを知るのに最良の方法である。」
（ℓ34-35）とあるが、それはなぜか。自分の言葉で説明しなさい。

----

7. 「『成田へ降り立つ』意義」（ℓ38）を本文中の別の言葉で言い換えなさい。

　　「成田に降り立つ」意義＝（　　　　　　　　　　）の意義

3　話し合ってみよう

1．あなたにとって「留学することの意義」は何ですか。グループで話し合い、1文で表現しなさい。

 メモ

名前	留学することの意義
	留学することの意義は＿＿＿である。
	留学することの意義は＿＿＿である。
	留学することの意義は＿＿＿である。
	留学することの意義は＿＿＿である。

2. 日本に来てはじめて、自国の文化について考えるようになった経験はありますか。それはどのような経験ですか。グループで話し合いなさい。

📝 メモ

名前（出身）	自国の文化について考えた経験
Aさん（イタリア）	遅刻をするたびに日本人に白い目で見られ、イタリア人の時間の捉え方について考え直した。
（　　　）	
（　　　）	
（　　　）	
（　　　）	

トピック

2

街で見つけた おもしろいもの

［聞く］

1 考えてみよう

1．下の写真のような「表札」を見て、何か不思議に思うことはありませんか。

2．日本では、なぜ家の外に表札を出すと思いますか。

3．家の外に表札を出すことについて、あなた自身はどう思いますか。

場面

留学生のケンさん（韓国系カナダ人）が、
「街で見つけたおもしろいもの」という
テーマで、表札について発表している。

[聴解に必要なことば]

□表札(ひょうさつ)　　　　　　　　□個人情報(こじんじょうほう)
□玄関(げんかん)　　　　　　　　　□犯罪(はんざい)に利用(りよう)される
□門(もん)　　　　　　　　　　　　□安全(あんぜん)な
□名字(みょうじ)　　　　　　　　　□不安(ふあん)な
□不思議(ふしぎ)に思う　　　　　　□安心(あんしん)する
□郵便配達(ゆうびんはいたつ)の人　□隣近所(となりきんじょ)の人
□番地(ばんち)　　　　　　　　　　□人間関係(にんげんかんけい)
□通(とお)りの名前

2　聞いてみよう

▶ Track 1

表札について、ケンさんはどのような疑問を持ちましたか。また、表札を出す理由について、ケンさんはどう考えていますか。メモを取りながら、発表を聞きなさい。

 メモ

■「表札」とは

■表札について不思議に思ったこと
　①

　②

■表札に関するテレビニュース

■ケンさんの考え

いろいろな表札

STEP 2 メモの内容をもとに、グループで発表のレジュメを書きなさい。全部書けなくてもいいです。

街で見つけたおもしろいもの
―表札について―

2015年4月23日

ケン・リー

1. 「表札」とは

    「表札」＝家の（　　　　　　　　　　）にある、その家の人の名前が書かれた札

    ＊漢字で（　　　　　）だけ書いてあるものが多い

2. 表札について不思議に思ったこと

    1）疑問①：どうして（　　　　　　　　　　　　　　）か

    日本人の友達の説明

    ● （　　　　　　　　　　　　　　　　）ように

    ● （　　　　　　　　　　　　　　　　）ように

    2）疑問②：（　　　　　　　　　）を外に出して大丈夫なのか

    ⇒　表札が出せるのは、日本が（　　　　　　　　　）だから？

3. 表札に関するテレビニュース

    ●最近、マンションなどで（　　　　　　　　　　　）人が増えている

    その理由：（　　　　　　　　　　　　　）から

    ●一方で、（　　　　　　　　　　）ことを不安に思う人もいる

    その理由：（　　　　　　　　　　　　　　　　）から

4. 自分の考え

    ●表札を出す目的 … 隣近所の人との（　　　　　　　　　　）をつくるため

    ●（　　　　　）だからではなく（　　　　　　　）のために表札を出す

▶ Track 1

もう一度会話を聞いて、p.26のレジュメを完成させなさい。

✏️ メモ

3 話し合ってみよう

1. 日本で生活する場合、あなたは自分の表札を出しますか、それとも出しませんか。
その理由は何ですか。グループで話し合いなさい。

 メモ

名前	意見・理由
	表札を [出す ・ 出さない] 【理由】
	表札を [出す ・ 出さない] 【理由】
	表札を [出す ・ 出さない] 【理由】
	表札を [出す ・ 出さない] 【理由】

2．日本の生活の中で、何か不思議に思うことはありますか。なぜ不思議なのですか。
　グループで話し合いなさい。

 メモ

名前	不思議に思うこと
	不思議なこと： 【理由】
	不思議なこと： 【理由】
	不思議なこと： 【理由】
	不思議なこと： 【理由】

街で見つけたおもしろいもの

　みなさん、こんにちは。今日は、私が街で見つけたおもしろいものについて発表します。

　この写真を見てください。何かわかりますか。「松田」とか「鈴木」とか、日本人の名前が書いてありますね。みなさんもきっと見かけたことがあると思います。これは、「表札」といいます。日本の家の玄関や門には、だれが住んでいるかわかるように、この「表札」があります。普通は、この写真のように、漢字で名字だけ書いてあることが多いんですが、時々、ローマ字で書いた表札も見かけます。たとえば、こんなのです。この表札はネコの絵もあって、かわいいですよね。

　私は、日本で初めて表札を見たとき、どうしてこんなものがあるんだろうと不思議に思いました。韓国やカナダでは、家の前に表札がありません。家の前を通っても、そこにだれが住んでいるか、友達や親戚でなければわかりません。でも、日本では、ここはだれの家かということが、だれにでもわかるようになっています。日本人の友達に聞いてみたら、郵便配達の人が困らないようにとか、初めて家に来る人にもわかりやすいようにするためじゃないか、と言っていました。でも、韓国やカナダでは、番地や通りの名前で郵便が届くし、友達の家を探すこともできます。だから、どうして表札が必要なのか、友達の説明を聞いても、よくわかりませんでした。それに、韓国では同じ名字が多いので、表札があっても、あまり役に立たないかもしれません。

　表札について、もう一つ私が不思議に思ったことがあります。表札には、先ほどの写真のように、名字だけ書いてあるものが多いんですが、中には、住所や家族全員の名前まで書いてあるものもあります。それを見たとき、こんなふうに個人情報を家の外に出していいんだろうか、犯罪に利用されたりする心配はないんだろうか、と思いました。日本は安全な国だから、表札を出せるんでしょうか。

こんなことを考えていたら、先日、偶然、テレビで表札についてのニュースをやっていました。そのニュースによると、最近、マンションなどでは、玄関に表札を出さない人が増えてきているということでした。その一番の理由は、やはり「犯罪に利用されるのが不安だから」というものでした。でも、その一方で、「表札を出さないとだれが住んでいるかわからないので、隣近所の人が不安になる。表札を出して隣近所との関係を良くしておいたほうがいいんじゃないか」という話もしていました。

　それを聞いて、私は、日本人が表札を出すのは、その家にだれが住んでいるかみんなに知らせることで、隣近所の人との良い人間関係をつくろうと考えているからなんじゃないかと思いました。日本が安全な国だから表札が出せるのではなくて、お互いに安心して暮らせるように、つまり、安全のために表札を出す習慣があると言えるかもしれません。

　街を歩きながら表札を見ると、日本人のいろいろな名字がわかっておもしろいので、ぜひみなさんも表札を見てみてください。

　私の発表は以上です。ありがとうございました。

タスク

1

街で見つけた
おもしろいもの

[発表]

タスク　街でよく目にするものや風景の中で、自分がおもしろいと思ったものや不思議に思ったものを写真に撮り、それについて説明する。
　　　　　※このタスクは、1人または2人で行う。

目的　①街で見つけた「おもしろいもの」を通して、日本文化や自文化について考える。
　　　　②自分がおもしろいと思ったものについて、自分以外の人にもそのおもしろさが伝わるように説明する方法を学ぶ。

発表の長さ　3分+質疑応答2〜3分

用意する物　①写真のファイルまたはスライド
　　　　　　　※写真は1〜2枚でよい。
　　　　　　　②発表の原稿

条件　自分が撮った写真を使うこと。
　　　　※インターネットなどからダウンロードした写真を使ってはいけない。

タスクの流れ

STEP 1 | 「おもしろいもの」の写真を撮る

▼

STEP 2 | 発表の内容を考える

▼

STEP 3 | 発表の構成と表現を学ぶ

▼

STEP 4 | 発表の原稿を書く

▼

STEP 5 | 発表の練習をする

▼

STEP 6 | 発表をする

▼

STEP 7 | 発表を聞いて考えたことを話し合う

▼

STEP 8 | タスクを振り返る

タスク1

STEP 1 「おもしろいもの」の写真を撮る

大学のそばや自分が住んでいる街などを歩いて、おもしろいと思うものの写真を撮りましょう。

■「おもしろいもの」の見つけ方：次のようなものを探すとよい。
　・自分の国では見たことがないもの
　・自分の国にも似たようなものがあるが、少し違うもの
　・街でよく目にするが、何なのか、何のためにあるのかよくわからない不思議なもの
　・とても日本的だと思うもの

■写真を撮るときの注意
　・「撮影禁止」の場所では、写真を撮らないこと。
　・人や人の持っている物の写真を撮るときには、写真を撮ってもいいかどうか、その人に聞くこと。

　　　　⇩
　Q：その場合、その人にどのように聞きますか。

STEP 2　発表の内容を考える

撮った写真の中から発表で使う写真を選びましょう。そして、第1課のトピック2の発表を例にして、発表の内容を考えましょう。

📝 発表の内容

	テーマ：表札	テーマ：（　　　　　　　）
①どこで撮った何の写真か	・家の近所で撮った表札の写真	
②写真の説明	・表札は家の玄関や門に出してある名前の札 ・漢字で名字が書いてあるものが多い	
③おもしろい点・不思議な点、自国との比較	・どうして表札を出す必要があるのか ⇨韓国やカナダでは、表札はない ・個人情報を外に出して大丈夫なのか ⇨日本は安全だから？	
④自分の意見・感想	・表札を出すのは、隣近所の人との良い人間関係をつくるため ・安全のために表札を出すのではないか	

タスク1

STEP 3　発表の構成と表現を学ぶ

発表の例を見て、発表の構成と表現を確認しましょう。

発表の例

	テーマ：表札
1．はじめに ①名前 ②テーマの紹介	ケン・リーです。 今日は、私が街で見つけたおもしろいものについて発表します。
2．本論 ①写真の提示 ②写真の説明 「もの」の名前や 定義、特徴 など ③おもしろい点・ 不思議な点	この写真を見てください。これは、私のアパートの近くで撮った写真です。何かわかりますか。 「松田」とか「鈴木」とか、日本人の名前が書いてありますね。これは、「表札」といいます。「表札」というのは、その家に住んでいる人の名前を書いた札のことで、日本人の家の玄関や門にあります。普通は、この写真のように、漢字で名字だけ書いてあります。…（略） 私は、日本で初めて表札を見たとき、どうしてこんなものがあるんだろうと不思議に思いました。韓国やカナダでは、家の前に表札がありません。…（略） 表札について、もう一つ私が不思議に思ったことがあります。それは、…（略）
3．おわりに ①自分の意見・ 感想 ②みんなへの メッセージ ③おわりのことば	これは私の意見ですが、日本人が表札を出すのは、隣近所の人との良い人間関係をつくろうと考えているからなんじゃないかと思います。…（略） 街を歩きながら表札を見ると、日本人のいろいろな名字がわかっておもしろいので、ぜひみなさんも表札を見てみてください。 私の発表は以上です。ありがとうございました。

【練習1】 例のように、ものの定義について説明する練習をしなさい。

例 表札：家の玄関や門に出してある名前の札
　　　　　＋漢字で名字だけ書いてあることが多い
　⇒これは、「表札」といいます。表札というのは、家の玄関や門に出してある
　　名前の札のことで、漢字で名字だけ書いてあることが多いです。

①こたつ：電気のヒーターがついたテーブル
　　　　　＋布団のような布をかけて使う
　⇒ _____
　　_____
　　_____

②三味線：3本の弦を持つ日本の伝統的な楽器
　　　　　＋「バチ」と呼ばれるものを使って音を出す
　⇒ _____
　　_____
　　_____

バチ

【練習2】 例のように、疑問に思ったことについて話す練習をしなさい。

例 表札：どうして家の前にこんなものがあるのか。
　⇒表札を見たとき、どうして家の前にこんなものがあるんだろうと（不思議に）思いました。

①こたつ：どうやって使うのか。
　⇒ _____
　　_____

②三味線：材料は何か。
   ⇨ _____
   _____

【練習3】 例のように、自分が考えたことについて話す練習をしなさい。

例 表札を出すのは、隣近所の人との良い人間関係をつくるためだ。
   ⇨表札を出すのは、隣近所の人との良い人間関係をつくるため<u>なんじゃないかと思います</u>。

①家族がコミュニケーションをとるのに、こたつはとてもいいものだ。
   ⇨ _____
   _____

②三味線を弾く人はこれからも増えていく。
   ⇨ _____
   _____

STEP 4　発表の原稿を書く

STEP3で勉強した発表の構成と表現を使って、発表の原稿を書きましょう。

発表の原稿

提出：（　　）月（　　）日

※「です・ます」体で書くこと。

名前：＿＿＿＿＿＿＿＿

発表する日：　　　年　　月　　日

街（まち）で見つけたおもしろいもの：＿＿＿＿＿＿＿＿＿＿＿＿

1. はじめに

2. 本論（ほんろん）

3. おわりに

STEP 5　発表の練習をする

キーワードやキーフレーズの発音に気をつけて、発表の練習をしましょう。

■練習するときには
・発表の原稿のキーワードやキーフレーズ（＝大切な情報）にアンダーラインを引く。
・キーワードやキーフレーズは、ゆっくり、はっきりと発音すること。
・時間を計りながら、発表の練習をする。
　※発表の前に、最低3回はリハーサルをすること。

STEP 6　発表をする

クラスで、写真を見せながら発表をしましょう。

■発表するときには
・聞いている人の方を見ながら話す。
・難しい言葉や専門用語は、簡単な言葉に言い換えながら説明する。
　例 個人情報というのは、名前や住所などのプライバシーについての情報です。
・聞いている人は、質問やコメントを考えながら聞く。

タスク1

STEP 7　発表を聞いて考えたことを話し合う

発表を聞いて、日本文化や自文化について考えたことをグループで話し合いましょう。

 メモ

①日本文化の特徴は何だと思いますか。

②日本文化と自文化との共通点と相違点は何ですか。

STEP 8　タスクを振り返る

次のページのCan-doチェック表を使ってタスクについて振り返りましょう。

タスク1　Can-doチェック表

名前：(　　　　　　　　　　)

■タスク全体について

①街で見つけた「おもしろいもの」を通して、日本文化や自文化について考えることができた。

　□そう思う　　□少し思う　　□あまり思わない　　□思わない

②自分がおもしろいと思ったものについて、自分以外の人にもそのおもしろさを伝えることができた。

　□そう思う　　□少し思う　　□あまり思わない　　□思わない

■発表について

①発表の目的に合ったテーマを選ぶことができた。

　□そう思う　　□少し思う　　□あまり思わない　　□思わない

②「はじめに」「本論」「おわりに」の3部構成で話すことができた。

　□そう思う　　□少し思う　　□あまり思わない　　□思わない

③写真を見せながら、物の定義や特徴をわかりやすく説明することができた。

　□そう思う　　□少し思う　　□あまり思わない　　□思わない

④自分が疑問や不思議に思った点について、わかりやすく話すことができた。

　□そう思う　　□少し思う　　□あまり思わない　　□思わない

⑤適切なスピードや声の大きさで話すことができた。

　□そう思う　　□少し思う　　□あまり思わない　　□思わない

⑥聞いている人の方を見ながら話すことができた。

　□そう思う　　□少し思う　　□あまり思わない　　□思わない

⑦他の人の発表を聞いて、積極的に質問やコメントをすることができた。

　□そう思う　　□少し思う　　□あまり思わない　　□思わない

第2課
人生とキャリア

トピック

1

「就活(しゅうかつ)」を考える

[読む]

1 考えてみよう

1. 「就活(就職活動(しゅうしょくかつどう))」という言葉(ことば)を知(し)っていますか。
   どんな活動だと思いますか。

リクルートスーツ

2. あなたの国では、学生はどのようにして企業(きぎょう)に就職しますか。

3. 将来(しょうらい)、就職をするために、大学ではどのような
   ことをしておけばいいと思いますか。

マニュアル本(ぼん)

予習シート

本文の内容について、合っているものには「○」、合っていないものには「×」をつけなさい。

①日本では、就職活動のときの服装は特に決まっていない。　　　　［　　］

②学生は、就職試験を受けてから、履歴書やエントリーシートを自分が入りたい企業に送る。　　　　［　　］

③企業から内定をもらうのは、書類審査、筆記試験、面接試験に合格した学生である。　　　　［　　］

④就活の問題の一つは、学生が就活のために授業に出られないことである。　　　　［　　］

⑤就活のマニュアル本を使うと、社会に出てから自分で考える力がつく。　　　　［　　］

⑥社会人になるために大切なことは、「自分づくり」である。　　　　［　　］

読解に必要なことば

- □就活(しゅうかつ)
- □就職活動(しゅうしょくかつどう)
- □リクルートスーツ
- □企業(きぎょう)
- □情報(じょうほう)
- □セミナー
- □ガイダンス
- □履歴書(りれきしょ)
- □エントリーシート
- □応募書類(おうぼしょるい)

- □書類審査(しょるいしんさ)
- □筆記試験(ひっきしけん)
- □面接(めんせつ)
- □内定(ないてい)をもらう
- □専門的(せんもんてき)な知識(ちしき)
- □マニュアル本(ぼん)
- □マニュアル化(か)されている
- □試行錯誤(しこうさくご)する
- □能力(のうりょく)を発揮(はっき)する
- □社会人(しゃかいじん)

2 読んでみよう

「就活」を考える

　春から夏にかけて、黒っぽいリクルートスーツを着た学生を、大学キャンパスでよく見かけるようになる。就職活動を行っている学生たちである。就職活動、略して「就活」は、学生にとって自分の将来を決める大切なイベントである。
　就活をする学生は、まず大学や企業によるセミナーやガイダンスに出席し、
5 企業について情報を集め、希望の企業から資料を取り寄せる。その後、企業に「エントリーシート」や履歴書などの応募書類を送り、書類審査、筆記試験、そして面接を受け、内定をもらう。
　こうした就活には、様々な問題がある。その一つは、学生が大学での専門教育を十分に受けられないことである。3年生の終わりごろから、学生たちは就活
10 を始め、毎日のように企業の就職セミナーに出席したり、応募書類を書いたり、企業に面接を受けに行ったりして忙しくなる。そのため、学生たちは、大学の授業を欠席することが多くなってしまうのである。これでは、専門的な知識や、それに基づいて物事をじっくり考える力が十分に育たない。
　さらに、就活自体がマニュアル化されてきていることにも問題がある。書店や
15 インターネットでは、履歴書やエントリーシートの書き方、面接の受け方など、就活のし方に関するマニュアル本や情報が簡単に手に入る。こうしたマニュアルさえあれば、学生は試行錯誤したり自分で考えて行動したりしなくても済むかもしれない。しかし、マニュアルに頼ってばかりいると、たとえ採用試験に合格できても、社会に出てから直面する様々な課題や困難を自分の力で解決していく
20 ことができない。
　社会の中で自分の能力を発揮するためには、大学時代に十分な専門知識を身につけ、それをもとに考える力を鍛えなければならないだろう。社会人としてデ

ビューする前に、しっかりした自分をつくっておくことが大事なのである。

(2015年3月現在の情報をもとに作成)

大学や企業のセミナーやガイダンス

筆記試験

面接試験

資料：エントリーシートの例

1. 自己紹介をしてください。
2. あなたの長所を教えてください。
3. 学生時代に力を入れたことと、それによって学んだことは？
4. 成功体験と失敗体験を教えてください。
5. 今までに経験した困難なことと、それをどうやって乗り越えたか教えてください。
6. 当社への志望動機は？
7. あなたの能力を当社でどのように生かせると思いますか。

内容確認のための質問

1. 「就活」とはどのようなものか。☐☐☐の言葉を使って説明しなさい。

 「就活」とは、_____で、

 _____活動のことである。

| 就職活動 | 略した | 学生 | 将来 | 仕事 |

2. a〜eを「就活」で学生がする順番に並べなさい。

 a．試験（筆記・面接）を受ける
 b．内定をもらう
 c．応募書類を企業に送る
 d．大学や企業のセミナーやガイダンスに出る
 e．希望の企業から資料を取り寄せる

 ①（　　） ⇒ ②（　　） ⇒ ③（　　） ⇒ ④（　　） ⇒ ⑤（　　）

3. 「就活」の問題点を二つ挙げなさい。

 ①学生は、就活のために授業を（　　　　　　　）。

 　その結果、_____。

 ②（　　　　　　　　　　）が簡単に手に入る。

 　その結果、_____。

4. 社会人になる前に、大学でしておかなければならないことは何か。
　　＿＿＿＿＿＿＿＿＿＿を身につけ、＿＿＿＿＿＿＿＿＿＿を鍛えること

5. 「しっかりした自分をつくっておく」（ℓ23）ために、大学時代にしておかなければならないことは何か。あなたの考えを書きなさい。
　・＿＿＿＿＿＿＿＿＿＿＿＿＿＿＿＿＿＿＿＿＿＿＿＿＿＿＿＿＿＿＿＿
　・＿＿＿＿＿＿＿＿＿＿＿＿＿＿＿＿＿＿＿＿＿＿＿＿＿＿＿＿＿＿＿＿
　・＿＿＿＿＿＿＿＿＿＿＿＿＿＿＿＿＿＿＿＿＿＿＿＿＿＿＿＿＿＿＿＿

3　話し合ってみよう

1．日本の「就活」の良い点と悪い点は何だと思いますか。グループで話し合いなさい。

 メモ

「就活」の良い点	「就活」の悪い点
・ ・ ・ ・	・ ・ ・ ・

2. あなたは、将来どんな仕事がしたいですか。それはなぜですか。どうすればその夢を実現できると思いますか。グループで話し合いなさい。

 メモ

名前	将来したい仕事とその理由	夢の実現のために必要なこと

トピック

2

留学生の先輩に聞く「日本の職場」

[聞く]

1　考えてみよう

1．あなたは日本の会社に対して、どのようなイメージを持っていますか。

2．あなたの専攻は何ですか。その専攻は、将来やりたい仕事とどのような関係がありますか。

3．アルバイトをしたことがありますか。アルバイトの経験は、将来の仕事にどのように役立つと思いますか。

場面

上田先生は、日本語の教師。留学生の同窓会で、元学生のリムさん（ベトナム人男性）とサラさん（ブルガリア人女性）に会い、二人の現在の仕事や職場の様子について聞いている。

[聴解に必要なことば]

- □ 修士課程(しゅうしかてい)
- □ 博士課程(はかせかてい)
- □ 修了(しゅうりょう)する
- □ 化粧品会社(けしょうひんがいしゃ)
- □ IT関係(アイティーかんけい)
- □ 企業(きぎょう)
- □ システム開発部(かいはつぶ)
- □ 国際営業部(こくさいえいぎょうぶ)
- □ 職場(しょくば)
- □ 雰囲気(ふんいき)
- □ 社員(しゃいん)
- □ 同僚(どうりょう)
- □ 上司(じょうし)
- □ 部下(ぶか)
- □ 上下関係(じょうげかんけい)
- □ チーム／チームリーダー
- □ ［プロジェクト／企画(きかく)］を立ち上げる
- □ 子会社(こがいしゃ)
- □ ニーズを調査(ちょうさ)する
- □ 学生時代(がくせいじだい)
- □ アルバイト
- □ 日本人とのつき合(あ)い方
- □ 途上国(とじょうこく)
- □ NPO活動(エヌピーオーかつどう)
- □ 予算(よさん)

2 聞いてみよう①：リムさんについて

リムさんは、現在、どのような職場でどのような仕事をしていますか。また、学生時代にどのような経験をしてきましたか。メモを取りながら、会話を聞きなさい。

 メモ

■ どんな部署でどんな仕事をしているか。

■ どんな雰囲気の職場か。

■ 将来の目標は何か。

■ 学生時代のアルバイトの経験から学んだことは何か。

STEP 2 メモの内容をもとに、グループで、リムさんについての情報を下のノートに整理しなさい。全部書けなくてもいいです。

リムさん

日本の大学院で、コンピュータサイエンスを専攻し、博士課程を修了した。現在、東京のIT関係の企業に勤めている。

---

①どんな部署でどんな仕事をしているか。

　・部署：（　　　　　　　　　）部

　・仕事：（　　　　　　　　　　　　　　　　）

---

②どんな雰囲気の職場か。

　「　　　　　　　　　　」会社

　・いいアイデアが浮かんだら、（　　　　　　　　）に関係なく、提案できる。

　・外国人も多くて、お互い（　　　　　　　　　　　）。

　・職場の人間関係も良い。

---

③将来の目標は何か。

　・（　　　　　　　　　　　　　　　　　　　　　　）こと

---

④学生時代のアルバイトの経験から学んだことは何か。

　・学生時代にしていたアルバイト：（　　　　　　　　　　　）

　・学んだこと：（　　　　　　　　　　　　　　　　　　　　）

もう一度会話を聞いて、p.57のノートを完成させなさい。

▶ Track 2

✏ メモ

2 聞いてみよう②：サラさんについて

サラさんは、現在、どのような職場でどのような仕事をしていますか。また、学生時代にどのような経験をしてきましたか。メモを取りながら、会話を聞きなさい。

 メモ

■ どんな部署でどんな仕事をしているか。

■ どんな雰囲気の職場か。

■ 将来、どんなことをしたいか。

■ 今の仕事は、将来やりたい仕事とどんなところが似ているか。

STEP 2 メモの内容をもとに、グループで、サラさんについての情報を下のノートに整理しなさい。全部書けなくてもいいです。

サラさん

日本の大学院で、経営学を専攻し、修士課程を修了した。現在、東京の化粧品会社に勤めている。

①どんな部署でどんな仕事をしているか。

・部署：（　　　　　　　　）部

・仕事：（　　　　　　　　　　　　　　　　）

②どんな雰囲気の職場か。

「　　　　　　　　　　」会社

・職場の（　　　　　　　）が厳しい。

・5年経っても、（　　　　　　　　　　　　）。

・外国人は（　　　　　　　　　　）。

③将来、どんなことをしたいか。

・今の会社を辞めて、（　　　　　　　　　　　　　　）仕事をしてみたい。

④今の仕事は、将来やりたい仕事とどんなところが似ているか。

・（　　　　　　）を立ち上げて、現地の（　　　　　　）を調査し、

（　　　　　　）や戦略を考えるところ

STEP 3

▶ Track 3

もう一度会話を聞いて、p.60のノートを完成させなさい。

📝 メモ

3 話し合ってみよう

1. リムさんとサラさんの二人に聞いてみたい質問はありますか。グループで話し合いなさい。

 メモ

	リムさんへの質問		サラさんへの質問
	・ ・ ・ ・		・ ・ ・ ・

留学生の先輩に聞く「日本の職場」

【第1部】

上田：ああ、リムさんとサラさん、久しぶり。元気にしてた？

リム：ああ、上田先生、ご無沙汰しておりました。

サラ：上田先生、お元気そうで、お変わりありませんね。

上田：ふふふ。今日は来てくれてありがとう。10年ぶりね。二人とも、今、どうしてるの？

サラ：私は、修士課程で経営を勉強して、そのあと、日本の化粧品会社に就職したんです。もう5年になります。

上田：ああ、そうなの。ばりばり働いてるんでしょうねえ。

リム：僕は、去年3月にようやく博士課程を修了して、4月から東京のIT関係の企業に勤めてます。

上田：へえ、すごいわね。そう言えば、リムさん、工学部だったわね。

リム：ええ、コンピュータサイエンスです。博士課程までずっとシステム開発の研究をしてたんですけど、今も、システム開発部で、インターネット・サービスの開発なんかの仕事をしてるんです。

上田：じゃあ、専門でやってきたことがお仕事に生かせてるわけね。で、職場はどんな雰囲気なの？

リム：うちの会社は結構やわらかいんで、仕事もやりやすいですよ。

上田：ん？　やわらかいって？

リム：何かいいアイデアが浮かんだら、どんどん提案するように言われてるんです。上司とか部下とかに関係なく。それに、社員の20%は外国人で、いろんな国の言語や文化、仕事のやり方があるから、日本人も外国人もお互い相手のやり方に合わせていこうとするんです。それで、考え方もやわらかくなるんですよね。会議は日本語だけでなく、英語でやることも多いし。

上田：ああ、なるほど。ずいぶん自由な雰囲気ねえ。でも、IT関係って、最先

端のお仕事だから、常に勉強し続けなきゃいけなくて、大変そうね。

リム：ええ。僕の職場では、若い社員を中心に、月に1回くらい勉強会をしたり、会社に講師を招いて研修会をしたりしてるんです。今のうちにたくさんのことを吸収して、将来は、チームリーダーとして、自分でプロジェクトを立ち上げてくのが目標なんです。

上田：まあ、すてきね。期待してるわ。で、職場の人達とはどんな感じなの？

リム：上司や同僚ともうまくやってますよ。日本に来てからもう10年だし、日本人とのつき合い方にもずいぶん慣れましたから。でも、大学に入りたてのころは、日本人の友達が全然できなくて悩んでたんですよ。けど、居酒屋でアルバイトしてるうちに、だんだん日本人とのコミュニケーションのし方がわかってきて、自然に友達もできるようになったんです。

上田：そう。アルバイトの経験も大切なのね…。

【第2部】

上田：ところで、サラさんは、化粧品の会社でどんな仕事をしてるの？

サラ：私ですか。私は、国際営業部に所属してるんですけど、チームで海外に子会社をつくるプロジェクトを担当してるんです。

上田：あら、おもしろそうね。職場の雰囲気もいいの？

サラ：うーん、私の会社は、リムさんのところと比べると、かなりかたいですね。どちらかと言うと、上下関係が厳しくて、上司や先輩にあんまり言いたいことが言えなかったり、気をつかったりすることが多いですね。5年経ってもまだ重要な仕事を任せてもらえないし…。

上田：まあ。サラさんの職場にも外国人は多いの？

サラ：いえ、私だけです。だから、いろいろ大変なんです。たとえば、上司は「こうしましょう」とか「それはだめ」とか、はっきり言わないんですけど、なぜか日本人の同僚は、上司の言いたいことがわかるんですよねえ。

上田：相手の言いたいことを読み取らなきゃいけないのね。

サラ：ええ。正直、ちょっと仕事がしにくい職場だなって思ってます。だから

っていうわけじゃないんですけど、実は、今の会社、辞めようかと思ってるんです。

リム：えっ、どうして？

サラ：私、最近、自分がもっとやりたいことが見えてきたの。

上田：どんなこと？

サラ：途上国の子どもたちの教育に関係のある仕事がしたいんです。できれば、NPOを立ち上げて、学校をつくったりとか、学校に行くお金のない子どもたちを学校に行けるようにしたりとか、そういう仕事がしたいなって。

上田：それはすごいわね。でも、どうして子どもの教育に興味を持ったの？

サラ：大学のときに子どもの英会話学校で教えてたんですけど、それがとっても楽しかったんです。それに、そこで会った先生から、途上国の子どもたちのためのNPO活動のことを聞いて、すごく感動して。

上田：そうだったの。学生時代のアルバイトで影響を受けたのね。

サラ：ええ。それに、新しい仕事をするのにも、この5年間の日本の会社での経験が生かせるんじゃないかって思ってるんです。学校をつくるっていうプロセスは、今やってる海外に子会社をつくる仕事と似てるんです。

リム：どんなとこが？

サラ：たとえば、まずある国に学校をつくるための企画を立ち上げて、その国の学校の現状やニーズを調査するじゃない？　それから、予算とか戦略とか考えて、学校をつくるってとこかな。

リム：なるほど。どんな経験でも、自分のためになるんだね。

上田：二人とも、これまでの知識や経験を生かして、さらに世界で活躍してね。5年後、10年後にまた会えるのが今から楽しみだわ。

リム：先生、ありがとうございます。

サラ：がんばります。

タスク

2

私のキャリアプラン

［インタビュー］

タスク	将来どんな仕事をしたいか、将来の夢は何かなど、キャリアプランについて日本人学生にインタビューする。そして、その結果について発表する。 ※このタスクは、3～4人のグループで行う。
目的	①日本人学生の将来のキャリアに対する考え方を知り、自分自身の将来について考える。 ②適切なインタビューのし方と、スライドを使ったインタビュー結果の報告のし方を学ぶ。
発表の長さ	10分＋質疑応答5分
用意する物	①インタビューシート ②発表のスライド ③発表の原稿

タスクの流れ

STEP 1 | インタビューシートを作る

▼

STEP 2 | インタビューのし方を学ぶ

▼

STEP 3 | インタビューの練習をする

▼

STEP 4 | インタビューをする

▼

STEP 5 | 発表の構成と表現を学ぶ

▼

STEP 6 | 発表のスライドと原稿を作る

▼

STEP 7 | インタビュー結果について発表する

▼

STEP 8 | 発表を聞いて考えたことを話し合う

▼

STEP 9 | タスクを振り返る

STEP 1　インタビューシートを作る

グループで協力(きょうりょく)して、インタビューシートを作りましょう。

1．インタビューシート（pp.69–71）の質問以外で日本人学生に聞いてみたい質問を考え、インタビューシートに書きましょう。

【質問を作るときのポイント】
①自分が質問されたら答えやすい質問をすると、相手(あいて)もわかりやすく答えてくれる。
　　　Ｑ：どちらの質問のほうが、答えやすいですか。
　　　　ａ．将来(しょうらい)は、どんなところで仕事がしたいですか。
　　　　ｂ．将来は、日本で仕事がしたいですか、外国で仕事がしたいですか。

②大きな質問より小さい質問をしたほうが、相手の答えが聞き取(と)りやすくなる。
　　　Ｑ：どちらの質問のほうが、答えが聞き取りやすいと思いますか。
　　　　ａ．その仕事をしたいと思ったきっかけは何ですか。
　　　　ｂ．その仕事をしたいと思ったのは、いつごろですか。

2．インタビューの質問ができたら、担当(たんとう)（質問をする人）を決(き)めましょう。

📝 インタビューシート

■グループ名：(　　　　　　　　　)
■メンバー：(　　　　　　　　　　　　)
■テーマ：キャリアプランについて
■インタビューの日：(　　　)年(　　)月(　　)日

■インタビューした相手（あいて）

①名前：(　　　　　　　　　)さん　　※フルネームを漢字で

②大学：(　　　　　　　　)大学

③学部（がくぶ）と学年（がくねん）：(　　　　　　)学部(　　)年生

④専攻（せんこう）：(　　　　　　)

⑤特に興味（きょうみ）のある分野（ぶんや）：(　　　　　　　　　　)

⑥出身（しゅっしん）：(　　　　　　)

⑦趣味（しゅみ）：(　　　　　　)

⑧好（す）きな＿＿＿＿＿＿＿＿：(　　　　　　　　)

⑨子どものころになりたかった職業（しょくぎょう）：(　　　　　　　　)

⑩就活（しゅうかつ）の経験（けいけん）：□ある　　□ない

■インタビューの内容

担当	トピック	質問　※「です・ます」体	答え　※「だ」体
	将来したい仕事	①将来は、どんな仕事がしたいですか。どうしてですか。	
		②その仕事をしたいと思ったのはいつごろですか。	
		③その仕事には、どんな知識やスキルが必要ですか。	
		④	
	将来の自分	①将来、どんな人になりたいですか。目標や理想とする人はいますか。	
		②将来、仕事以外でやってみたいことは何ですか。	
		③10年後の自分は、どこで何をしていると思いますか。	
		④	
	学生生活	①勉強以外でがんばっていることは何ですか。	
		②学生のうちに経験しておきたいことは何ですか。	
		③今まで何かアルバイトをしたことがありますか。どんなアルバイトですか。	
		④	

担当	トピック	質問 ※「です・ます」体	答え ※「だ」体
	就活について ※就活の経験がある場合	①就活は大変ですか。どんなことが大変ですか。	
		②就活のいい点は何ですか。	
		③就活でマニュアル本を使いましたか。どうでしたか。	
		④	
	その他	①	
		②	
		③	
		④	

タスク2

STEP 2　インタビューのし方を学ぶ

インタビューの流れと、インタビューに必要な表現を確認しましょう。

■インタビューをするときには
- ゲストに質問に答えてもらうことが目的だが、ゲストとの会話を楽しむことも大切にする。
- 相手の言っていることが聞き取れなかったり、よく理解できなかったりしたときには、遠慮せずに確認する。

1．あいさつをして、相手の名前を聞く

> チャン：はじめまして。チャンです。中国出身です。どうぞよろしく。
>
> ルイ：ルイと申します。出身はフランスです。よろしくお願いします。
>
> マイ：マイです。出身はベトナムのハノイです。どうぞよろしく。
>
> チャン：今日は、お忙しいところ、私たちのインタビューに来てくださって、ありがとうございます。
>
> 鈴木：はじめまして。鈴木理枝です。よろしくお願いします。
>
> ルイ：すずき、り…？①
>
> 鈴木：りえです。
>
> ルイ：ああ、りえさんですね②。あのう、漢字でどう書くんですか③。
>
> 鈴木：「鈴木」は普通の「鈴木」で、「理枝」の「理」は「理科」の「理」、「枝」は「枝」っていう字です。
>
> ルイ：すみませんが、ここに書いていただけますか④。
>
> 鈴木：ああ、はい。…「鈴」「木」「理」「枝」です。
>
> ルイ：ありがとうございます。

> **ポイント**

①聞き取れなかったときは、聞き返す。
②聞き取れたときには、「～ですね。」と確認する。
③名前を漢字でどう書くか確認する。
④漢字がわからないときは、相手に書いてもらう。

2．相手の専攻や趣味などを聞く

> チャン：鈴木さん⑤は、何学部の何年生ですか。
>
> 鈴木：外国語学部の4年です。
>
> チャン：外国語学部、4年ですね。〈はい。〉ご専攻は何ですか。
>
> 鈴木：イタリア語です。
>
> チャン：イタリア語。〈はい。〉
>
> マイ：あの、どうしてイタリア語を専攻したんですか⑥。
>
> 鈴木：そうですね。なんか、高校のときからイタリアのオペラとか映画とか、すごく好きで、イタリアにも行ってみたかったからかな。
>
> マイ：へえ、そうなんですか⑦。私もイタリアに行ってみたいです⑧。
>
> ルイ：ぼくもです。あの、イタリア語専攻では、どんな勉強をするんですか。

> **ポイント**

⑤相手を呼ぶときには、「あなた」ではなく、「鈴木さん」や「理枝さん」と名前で呼ぶ。
⑥専攻を聞くだけでなく、どうしてその専攻を選んだのかやどんな勉強をするのかなども聞いてみる。
⑦相手の答えを聞いて理解できたときには、「へえ、そうなんですか。」「ふうん、なるほど。」などのあいづちをタイミングよく入れると、会話がスムーズに進む。
⑧相手の答えに共感したときには、「私もイタリアに行ってみたいです。」や「イタリア、いいですよね。」のようにコメントをすると、会話がスムーズに進む。

3. インタビューの質問をする

ルイ：それでは、今から、鈴木さんのキャリアプランについて、いろいろ質問させてください。
鈴木：はい。
ルイ：じゃあ、まず、最初の質問ですが、鈴木さんは、将来、どんな仕事をしてみたいと思っていますか。
鈴木：そうですね。私は、イタリア語の通訳になりたいんです。会議通訳とかしてみたいですね。
ルイ：「カイギツーヤク」って何ですか⑨。
鈴木：えーと、国際会議とか国際シンポジウムとかの通訳なんですけど。
ルイ：ああ、会議のときの通訳ですね。
鈴木：ええ、そうです。
ルイ：鈴木さんは、どうして通訳の仕事がしたいって思ったんですか。
鈴木：うーん、そうですねえ。大学でイタリア語を専攻してるし、イタリアに留学もしたから、やっぱりイタリア語を使った仕事がしてみたいなあって思って。
ルイ：へえ、留学したこともあるんですね。イタリアのどこですか⑩。
鈴木：ナポリです。3年生のときに1年間。
ルイ：じゃあ、イタリア語はぺらぺらですね。
鈴木：いえ、まだまだです。でも、留学してだいぶ自信がついたかも。
ルイ：ああ、そうですか。あの、通訳の仕事をしてみたいって思ったのは、いつごろですか。…

ポイント

⑨意味がわからない言葉があったら、質問してみる。
⑩興味を持ったことについて、もっと質問してみる。

4．インタビューを終わる

マイ：えーと、私たちの質問は以上です。

鈴木：あ、これで終わりですか。

マイ：はい。今日は、鈴木さんの将来について、いろんなお話が聞けて、とても参考になりました[11]。

チャン：鈴木さんとお話ができて、とても楽しかったです[11]。

鈴木：私も楽しかったです。

ルイ：今日は、本当にありがとうございました[12]。

鈴木：こちらこそ、ありがとうございました。

ポイント
[11] インタビューの感想を伝える。
[12] 最後にゲストにお礼を言う。

【練習1】 ポイント①～⑫に気をつけながら、1～4の会話を練習しなさい。

インタビューの練習をする

インタビューで日本人の話を聞き取る練習をしましょう。

【練習2】 ハンさんが田中さんに将来したい仕事についてインタビューしています。CDを聞いて、田中さんが将来したい仕事とその仕事の内容をメモしなさい。

①田中さんが将来したい仕事（職業名）：_____
②仕事の内容（どんな仕事か）：_____
_____

【練習3】 リナさんが田中さんにアルバイトの経験についてインタビューしています。CDを聞いて、田中さんがしたことのあるアルバイトと、そのアルバイトから学んだことをメモしなさい。

①田中さんがしたアルバイト：_____
②アルバイトから学んだこと：_____
_____

資料：インタビューでよく使うことば

職業 (しょくぎょう)	会社員（かいしゃいん）、経営者（けいえいしゃ）、新聞記者（しんぶんきしゃ）、通訳（つうやく）、翻訳家（ほんやくか）、教師（きょうし）、研究者（けんきゅうしゃ）、公務員（こうむいん）、市役所（しやくしょ）の職員（しょくいん）、エンジニア、ツアーコンダクター
会社の種類 (しゅるい)	IT企業（アイティーきぎょう）、食品会社（しょくひんがいしゃ）、化粧品会社（けしょうひんがいしゃ）、建築会社（けんちくがいしゃ）、出版社（しゅっぱんしゃ）、教育関係（きょういくかんけい）、銀行（ぎんこう）、保険会社（ほけんがいしゃ）、証券会社（しょうけんがいしゃ）、旅行代理店（りょこうだいりてん）
雇用形態 (こようけいたい)	正社員（せいしゃいん）、パート、契約社員（けいやくしゃいん）、日雇（ひやと）い、フリーター、アルバイト
就職活動 (しゅうしょくかつどう)	インターンシップ、エントリーシート、履歴書（りれきしょ）、面接（めんせつ）、内定（ないてい）、学歴（がくれき）、大卒（だいそつ）、高卒（こうそつ）、競争（きょうそう）が激（はげ）しい

タスク2

STEP 4　インタビューをする

インタビューシートを使って、ゲストにインタビューをしましょう。

■インタビューの進（すす）め方
　①お互（たが）いに名前を確認（かくにん）する。出身（しゅっしん）も伝（つた）えるとよい。⇒STEP2-1
　②ゲストの専攻（せんこう）や趣味（しゅみ）などについて質問して、インタビューシートの「インタビューした相手（あいて）」を完成（かんせい）させる。⇒STEP2-2
　③キャリアプランについてゲストにインタビューする。⇒STEP2-3
　　※ゲストの答えをノートにメモしておくこと。
　④インタビューが終わったら、聞き取（と）った内容（ないよう）に間違（まちが）いがないかゲストに確認しながら、インタビューシートを完成させる。

STEP 5 発表の構成と表現を学ぶ

インタビュー結果の発表の例を読んで、発表の構成と表現を確認しましょう。

※発表では、「将来したい仕事」ともう一つトピックを選び、二つのトピックについて報告すること。

___発表の例___

インタビュー報告　―鈴木さんのキャリアプラン―

グループ名：メロンパン

名前：チャン、マイ、ルイ

1 グループの紹介	チャンです。マイです。ルイです。私たちのグループの名前は、「メロンパン」です。3人ともメロンパンが大好きで、休み時間にメロンパンを買いに行くことが多いので、この名前にしました。	
2 インタビューの相手について	私たちのグループは、外国語学部の4年生で、イタリア語を専攻している鈴木理枝さんに、キャリアプランについてインタビューしました。鈴木さんは、北海道の札幌の出身だそうです。…（略）…鈴木さんとはじめて会ったとき、とても明るくて元気な人という印象を受けました。	─名前・学部・学年・専攻など ─出身や趣味など ─第一印象
3 報告すること（二つ）	私たちは鈴木さんにいろいろ質問しましたが、「将来したい仕事」以外では、「将来の夢」に関してとてもおもしろいお話が聞けましたので、今日は、「将来したい仕事」と「将来の夢」の二つについてご報告したいと思います。	
4 「将来したい仕事」について	まず、鈴木さんが将来したい仕事についてですが、鈴木さんは、将来、イタリア語の通訳になりたいということです。特に、国際会議や国際シンポジウムなどで通訳	─質問の答え

をする会議通訳の仕事がしてみたいそうです。どうして通訳になりたいかというと、…（略）…鈴木さんはイタリアに留学したこともあるし、通訳のコースも取っているので、いつかきっとイタリア語の通訳になれると思います。 ── コメント

5「将来の夢」について

次に、鈴木さんの将来の夢について説明します。鈴木さんは、通訳の仕事をしながら映画の翻訳の勉強もして、いつかイタリア映画の翻訳もしてみたいと言っていました。自分が翻訳した映画を見た人がイタリア映画をもっと見てみたいと思うような翻訳をしてみたいそうです。…（略）…映画の翻訳は難しそうですが、夢があって、とてもおもしろい仕事だと思います。 ── 質問の答え／コメント

6 インタビューの感想

鈴木さんの話を聞いていて、私たちは、鈴木さんは本当にイタリアやイタリア語が好きなんだということがよくわかりました。イタリアのことを話すときに、鈴木さんの目がキラキラしていたのが印象的でした。大好きなことを仕事にできるのは、とてもすばらしいことだと思います。また、…（略）…いつか鈴木さんの翻訳したイタリア映画を見てみたいと、心から思いました。 ── 感想や印象的だった言葉

7 おわりのことば

以上で私たちの報告を終わります。何かご質問はありませんか。

【練習4】例のように、質問の答えについて報告する練習をしなさい。

例 答え：通訳を選んだ理由は、イタリア語を使った仕事がしたかったからです。

⇒通訳を選んだ理由は、イタリア語を使った仕事がしたかったからだ［そうです・ということです。］

⇒鈴木さんは、通訳を選んだ理由は、イタリア語を使った仕事がしたかったからだと言っていました。

①答え：将来の夢はイタリア映画の翻訳家になることです。
　⇨ _____ そうです。
　⇨ 鈴木さんは、_____ と言っていました。

②答え：イタリア語を専攻した理由は、高校生のころからイタリアのオペラが大好きだったからです。
　⇨ _____ ということです。
　⇨ 鈴木さんは、_____ と言っていました。

③答え：就活は自分自身について考えるのに良い機会でした。
　⇨ _____ そうです。
　⇨ 鈴木さんは、_____ と言っていました。

STEP 6　発表のスライドと原稿を作る

インタビューシートの内容をもとに、発表のスライドと原稿を作りましょう。

①インタビュー結果の中から、「将来したい仕事」以外に、もう一つ報告したいトピックを選ぶ。
②発表のスライドと原稿の例を参考にして、スライドと原稿を作る。
　※発表を聞いた人が、インタビューした相手がどんな人かイメージできるような内容を考える。
　※説明の後に短いコメントを必ず入れること。
　※原稿は、スライド毎にカードかノートに書くとよい。
③スライドと原稿ができたら、グループで発表の練習をする。

■ スライドを作るときには

・スライドには、必要最小限の情報だけを入れる。

・スライドの文は、普通体（「だ」体）で書く。

・文の終わりの「。」は書かなくてもよい。

・ゴシックなど見やすいフォントを使う。

スライドと原稿の例

スライド	原稿
インタビュー報告 — 鈴木さんのキャリアプランについて — 発表日：2015年5月20日 グループ名：メロンパン メンバー：チャン・マイ・ルイ	チャンです。マイです。ルイです。私たちのグループの名前は、「メロンパン」です。3人ともメロンパンが大好きで、休み時間にメロンパンを買いに行くことが多いので、この名前にしました。
1．インタビューの相手 ■ 名前：鈴木 理枝（すずき りえ）さん ■ 学部・学年：外国語学部・4年 ■ 専攻：イタリア語 ■ 出身：札幌（さっぽろ） ■ 趣味：オペラを見ること、料理 ■ 好きな食べ物：ピザ、パスタ ■ 子どもの頃なりたかった職業：歌手 ■ 就活の経験：ある 担当：チャン	私たちのグループは、外国語学部の4年生で、イタリア語を専攻している鈴木理枝さんに、キャリアプランについてインタビューしました。鈴木さんは、北海道の札幌の出身だそうです。…
2．報告すること ① 将来したい仕事 ② 将来の夢 担当：ルイ	私たちは鈴木さんにいろいろ質問しましたが、「将来したい仕事」以外では、「将来の夢」に関してとてもおもしろいお話が聞けましたので、今日は、「将来したい仕事」と「将来の夢」の二つについてご報告したいと思います。

3．将来したい仕事

- 将来したい仕事：イタリア語の通訳（会議通訳）
- 理由：イタリアのオペラや映画が好きで、イタリア語を専攻した
  → 通訳の授業を受けて、通訳になりたいと思った
- 必要な知識やスキル：
  ① イタリア語と日本語の高度な運用力
  ② イタリアの社会や文化に関する知識
  ③ 同時通訳と逐次（ちくじ）通訳のスキル

担当：ルイ

まず、鈴木さんが将来したい仕事についてですが、鈴木さんは、将来、イタリア語の通訳になりたいということです。…鈴木さんはイタリアに留学したこともあるし、通訳のコースも取っているので、いつかきっとイタリア語の通訳になれると思います。

4．将来の夢

- 将来の夢：イタリア映画の翻訳をしてみたい
  自分の翻訳した映画を見た人が、イタリア映画をもっと見たいと思うような翻訳をしてみたい

  cf. 鈴木さんが一番好きなイタリア映画：
  「ニュー・シネマ・パラダイス」
  （Nuovo Cinema Paradiso）

担当：マイ

次に、鈴木さんの将来の夢について説明します。鈴木さんは、通訳の仕事をしながら映画の翻訳の勉強もして、いつかイタリア映画の翻訳もしてみたいと言っていました。…映画の翻訳は難しそうですが、夢があって、とてもおもしろい仕事だと思います。

5．インタビューの感想

- 鈴木さんはイタリアやイタリア語が本当に好きなのだと思った
- 自分が好きなことを仕事にできるのは、すばらしいことだ
- いつか鈴木さんが翻訳したイタリア映画を見てみたい

担当：マイ

鈴木さんの話を聞いていて、私たちは、鈴木さんは本当にイタリアやイタリア語が好きなんだということがよくわかりました。…
以上で私たちの報告を終わります。

STEP 7　インタビュー結果について発表する

グループでインタビュー結果を発表しましょう。

■発表するときには
- グループで協力して発表する。
- 聞いている人の方を見ながら話す。
- 難しい言葉や専門用語は、簡単な言葉に言い換えながら説明する。
  例 会議通訳というのは、国際会議のときなどに通訳をする人のことです。
- 聞いている人は、質問やコメントを考えながら聞く。

STEP 8　発表を聞いて考えたことを話し合う

発表を聞いて考えたことについて、グループで話し合いましょう。

 メモ

①日本人学生のキャリアプランに対する考え方を聞いて、どう思いましたか。

②自分自身の将来について、どのようなことを考えましたか。

STEP 9 タスクを振り返る

Can-doチェック表を使ってタスクについて振り返りましょう。

タスク2　Can-doチェック表

名前：(　　　　　　　　　)

■ タスク全体について

①日本人学生のキャリアプランに対する考え方を聞いて、自分自身の将来について考えることができた。
　□そう思う　　□少し思う　　□あまり思わない　　□思わない

②日本人学生に対して適切なインタビューができた。
　□そう思う　　□少し思う　　□あまり思わない　　□思わない

③インタビューした相手のことがよく伝わるような発表ができた。
　□そう思う　　□少し思う　　□あまり思わない　　□思わない

④グループのメンバーと協力してタスクを進めることができた。
　□そう思う　　□少し思う　　□あまり思わない　　□思わない

■ インタビューについて

①相手が答えやすい質問をすることができた。
　□そう思う　　□少し思う　　□あまり思わない　　□思わない

②相手の話を十分理解することができた。
　□そう思う　　□少し思う　　□あまり思わない　　□思わない

③相手の話がよく理解できなかったときに、相手に確認することができた。
　□そう思う　　□少し思う　　□あまり思わない　　□思わない

④あいづちを打ったりコメントをしたりしながら、会話をスムーズに進めることができた。
　　□そう思う　　□少し思う　　□あまり思わない　　□思わない

■発表について
①聞き手にとって見やすいスライドを作ることができた。
　　□そう思う　　□少し思う　　□あまり思わない　　□思わない

②スライドを説明するとき、短いコメントを入れながら話すことができた。
　　□そう思う　　□少し思う　　□あまり思わない　　□思わない

③適切な引用の表現を使って、インタビュー相手が言ったことについて報告することができた。
　　□そう思う　　□少し思う　　□あまり思わない　　□思わない

④適切なスピードや声の大きさで話すことができた。
　　□そう思う　　□少し思う　　□あまり思わない　　□思わない

⑤聞いている人の方を見ながら話すことができた。
　　□そう思う　　□少し思う　　□あまり思わない　　□思わない

⑥他の人の発表を聞いて、積極的に質問やコメントをすることができた。
　　□そう思う　　□少し思う　　□あまり思わない　　□思わない

第3課
地域と共に生きる

トピック

1

商店街でみんな元気に

[読む]

1 考えてみよう

1. あなたの住んでいる街には商店街がありますか。その商店街には、どんなお店がありますか。

2. あなたは商店街で買い物をするのとスーパーで買い物をするのとでは、どちらが好きですか。その理由は何ですか。

3. 商店街の良さはどんなところだと思いますか。

アーケード型 商店街

商店街の魚屋

予習シート

本文の内容について、合っているものには「〇」、合っていないものには「×」をつけなさい。

①商店街というのは、駅前にある店のことである。　　　　　　　　　　[　　]

②商店街には八百屋や魚屋などの食料品を売る店は多いが、日用品を売る店はあまりない。　　　　　　　　　　　　　　　　　　　　　[　　]

③商店街の大売り出しやお祭りなどは、地域の活性化に役立つ。　　　　[　　]

④商店街が衰退した理由は、地域の人々が郊外に引っ越したからである。　　　　　　　　　　　　　　　　　　　　　　　　　　　　　[　　]

⑤岩村田商店街は、一度も衰退したことがない元気な商店街として知られている。　　　　　　　　　　　　　　　　　　　　　　　　　[　　]

第3課

⑥「本町おかずいちば」は、地元の人々のニーズに合わせてつくられた、手作りのおかずを売る店である。　　　　　　　　　　　[　]

⑦岩村田商店街は、商店街再生の良いモデルとなっている。　　[　]

⑧商店街の魅力は、コンビニやスーパーよりも便利な点である。　[　]

[読解に必要なことば]

□地域(ちいき)
□商店街(しょうてんがい)
□駅前(えきまえ)
□人通(ひとどお)りが多い
□食料品(しょくりょうひん)
□日用品(にちようひん)
□地元(じもと)
□活気(かっき)[がある／にあふれる]
□活性化(かっせいか)
□衰退(すいたい)する
□コンビニ
□郊外型(こうがいがた)の
　大型(おおがた)スーパー

□後継者(こうけいしゃ)
□高齢化(こうれいか)
□シャッターが下(お)りる
□空(あ)き店舗(てんぽ)
□高度成長期(こうどせいちょうき)
□商店街(しょうてんがい)の再生(さいせい)
□ニーズに応(こた)える
□手作(てづく)り
□おかず
□子育(こそだ)て
□施設(しせつ)
□魅力(みりょく)

2 読んでみよう

商店街でみんな元気に

「はい、いらっしゃい、いらっしゃい。今日は生きのいいアジが安いよ。」

「おじさん、このアジちょうだい。」

「はい、アジね。このままでいいの？ さしみにでもする？」

「そうねえ。じゃあ、おさしみにしてもらおうかな。」

「はいよ。ちょっと待っててね。」

魚屋の店先でのこんなやりとり。地元の商店街らしい活気のある風景である。人通りの多い駅前や住人の多い団地のそばなどには、「商店街」と呼ばれる、何軒もの商店や飲食店が並ぶ地区がある。商店街には、八百屋や魚屋、酒屋といった食料品の店から、電気屋や本屋、衣料品店といった日用品の店まで様々な店があり、日常生活に必要な物が一通りそろっている。

しかし、一口に「商店街」と言っても、その姿や歴史は実に多様である。東京の商店街だけ見ても、浅草の仲見世商店街に代表されるような江戸時代からにぎわっている門前商店街もあれば、上野のアメ横商店街のような終戦直後の闇市から発展してきた商店街もある。また、中野サンモールのような鉄道の発達とともに栄えてきた駅前商店街もある。

このように様々な顔を持つ商店街ではあるが、その多くに共通しているのは、地元に根づき、地元の生活基盤や経済基盤として人々の生活を支えているという点である。一斉大売り出しやお祭りといったイベントなどを通して、商店街は地元の活性化に貢献しているのである。

もちろん、全ての商店街が活気にあふれているわけではない。実際、1980年代以降、全国各地で商店街は急速に衰退してきている。その背景には、コンビニや郊外型の大型スーパーの急増がある。さらに、家族経営が多い商店街の店

では、後継者が見つからず、店主の高齢化とともに店を閉じてしまうケースも続いている。その結果、シャッターが下りたままの空き店舗が並ぶ、いわゆる「シャッター通り」になってしまった商店街も多い。特に、人口の少ない地方都市では、こうした商店街の衰退は深刻な問題である。

　長野県佐久市にある岩村田商店街も例外ではない。人口約10万の佐久市にあるこの商店街は、50店舗ほどの店が集まる小さな商店街である。高度成長期とともに栄えてきた商店街であるが、商店街から少し離れた場所に新幹線の駅や大型スーパーができたため、すっかり人通りが少なくなり、空き店舗が目立つようになった。

　そんな中、「このままではいけない」と、若い後継者たちが商店街の再生に立ち上がったのである。彼らは、「商店街は地域のコミュニティのためにある」と考え、地元の人々の声を聞きながら商店街の再生を進めた。たとえば、地元の食材を使った手作りのおかずやお弁当を売る「本町おかず市場」も、そうした地元のニーズに応えてつくられた店である。スーパーまで車で買い物に行けないお年寄りや子育て中の母親、一人暮らしの学生などにとって、おいしくて安心して食べられる家庭の味が近所で買えるのはありがたいことである。おかずを作っているのは地元のお母さんたちで、客の健康のことを考えて、おかず選びのアドバイスをしてくれることもある。

　ほかにも、この商店街では、サークル活動やイベントに使える施設や子育てに関する情報交換ができる施設をつくったり、お祭りなどのイベントを行ったりして、地域の人が活発に交流できる場を提供している。決して買い物客で込み合うような商店街ではないが、地元の人々の暮らしをしっかりと支えるこの商店街は、今では商店街再生のモデルとして全国的に注目されている。

　たしかに、コンビニやスーパーは便利で、私たちの生活には欠かせないものである。しかし、商店街には、店先でちょっとした世間話ができたり、野菜や魚の調理法など、聞けば何でも気軽に教えてもらえたりといった独特の楽しさがある。人と人とのつながりこそが商店街の魅力である。そんな商店街で、お金では買えない何かを探してみるのもいいかもしれない。

資料：岩村田商店街

商店街の通り

江戸時代からある味噌屋

本町おかず市場

本町おかず市場の店内

おかずを作る地元のお母さん

「子育てお助け村」の中

内容確認のための質問

1. 「商店街」とはどのようなものか。□の言葉を使って説明しなさい。

　　①「商店街」とは、＿＿＿＿＿＿＿＿＿＿＿にある＿＿＿＿＿＿＿＿＿＿＿＿＿＿＿＿＿＿＿＿＿＿＿＿＿＿＿＿＿＿＿地区のことである。

駅前　団地のそば　多くの　商店　飲食店

　　②商店街には、＿＿＿＿＿＿＿＿＿から＿＿＿＿＿＿＿＿＿まで、＿＿＿＿＿＿＿＿＿＿＿＿＿＿＿＿＿＿＿＿＿がそろっている。

食料品　日用品　日常生活　必要

　　③商店街には、＿＿＿＿＿＿＿＿＿＿＿＿＿＿＿＿＿＿＿＿＿＿＿＿＿など、様々な商店街があり、その＿＿＿＿＿＿＿＿＿＿＿＿＿＿＿＿＿＿＿＿＿＿＿＿＿である。

門前商店街　駅前商店街　姿　歴史　多様

2. 多くの商店街に共通していることとは何か。短くまとめなさい。

　　＿＿＿＿＿＿＿＿＿＿＿＿＿＿＿＿＿＿＿＿＿＿＿＿＿＿＿＿＿＿＿＿＿＿こと

3. 1980年代以降、商店街が衰退してきた理由は何か。

　　①＿＿＿＿＿＿＿＿＿＿＿＿＿＿＿＿＿＿＿＿＿＿＿＿＿＿＿＿＿＿＿＿＿＿＿から

　　②＿＿＿＿＿＿＿が見つからず、店を＿＿＿＿＿＿＿＿＿ケースが多いから

4．岩村田商店街について説明しなさい。
　①岩村田商店街：長野県佐久市にある＿＿＿＿＿＿＿ほどの小さな商店街
　②以前：＿＿＿＿＿＿＿とともに栄えてきたが、＿＿＿＿＿＿＿＿＿＿＿＿＿
　　＿＿＿＿＿＿＿＿ができたため、＿＿＿＿＿＿＿＿＿＿＿＿＿＿＿＿＿＿＿＿。

5．再生した岩村田商店街の特徴は何か。
　①＿＿＿＿＿＿＿＿＿＿＿＿＿＿＿＿＿＿に合わせてつくられている。
　②地域の人々が＿＿＿＿＿＿＿＿＿＿＿＿＿＿＿を提供している。
　③＿＿＿＿＿＿＿＿＿＿＿＿＿＿＿＿＿＿＿支えている。

6．筆者は、商店街の魅力は何だと言っているか。
　商店街の魅力は、＿＿＿＿＿＿＿＿＿＿＿＿＿＿＿＿＿＿＿＿＿＿である。

3 話し合ってみよう

1. 商店街で見つかるかもしれない「お金では買えない何か」とは何だと思いますか。グループで話し合いなさい。

商店街で見つかる「お金では買えない何か」とは

2．あなたの国にも商店街のようなものがありますか。それはどのようなものですか。
自国の商店街の特徴や魅力について、グループで紹介し合いなさい。

📝 メモ

名前（出身）	自国の商店街の特徴や魅力など
（　　　　）	・日本の商店街との違い： ・人気のある店： ・商店街の魅力：
（　　　　）	・日本の商店街との違い： ・人気のある店： ・商店街の魅力：
（　　　　）	・日本の商店街との違い： ・人気のある店： ・商店街の魅力：
（　　　　）	・日本の商店街との違い： ・人気のある店： ・商店街の魅力：

トピック

2

豆腐で地域を元気にしたい

[聞く]

1　考えてみよう

1. 豆腐は何から、どのように作られるか知っていますか。

2. 「豆腐で地域を元気にする」とは、どういう意味だと思いますか。

3. あなたの国にも、100年以上続いている老舗の店や会社がありますか。

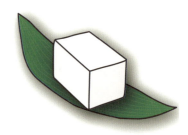

場面

山田さんは、ゼミで企業と地域との関わりについて調査している大学3年生。「おとうふ工房いしかわ」四代目社長の石川氏にインタビューをしている。「おとうふ工房いしかわ」は明治時代に創業した老舗で、現在は豆腐や大豆を使った食品などを幅広く作っている。

参照：おとうふ工房いしかわオフィシャルHP
（http://www.otoufu.co.jp/profile/）

石川伸（いしかわ のぶる）氏

1963年に愛知県で生まれる。大学で食品工学を学んだあと、大手豆腐メーカーに就職。その5年後、家業を継ぎ、「おとうふ工房いしかわ」を設立。家業の豆腐屋を大きく成長させる一方で、愛知県高浜市の観光協会会長や高浜市子ども食育推進協議会会長なども務め、地域の活動にも力を入れている。

発芽 → 開花 → 枝豆 → 大豆の収穫

大豆が育つ様子

第3課

[聴解に必要なことば]

- □ 豆腐(とうふ)
- □ 豆腐屋(とうふや)
- □ 豆腐作(とうふづく)り
- □ 企業(きぎょう)
- □ 地域(ちいき)と関(かか)わる／
  地域との関わり
- □ 明治創業(めいじそうぎょう)
- □ 老舗(しにせ)
- □ 二代目(にだいめ)／三代目／四代目
- □ 商売(しょうばい)
- □ 豆腐屋(とうふや)を継(つ)ぐ
- □ 大豆(だいず)

- □ 枝豆(えだまめ)
- □ 高度成長期(こうどせいちょうき)
- □ 消費量(しょうひりょう)
- □ ツケで買う
- □ 信頼(しんらい)し合(あ)う
- □ 価値観(かちかん)が変(か)わる
- □ 笑顔(えがお)
- □ 地域活動(ちいきかつどう)
- □ ボランティア活動(かつどう)
- □ 地域にお返(かえ)しをする
- □ 塀(へい)
- □ 地域に溶(と)け込(こ)む

2　聞いてみよう

「おとうふ工房(こうぼう)いしかわ」は、創業(そうぎょう)から現在(げんざい)まで、地域(ちいき)とどのように関(かか)わってきましたか。メモを取(と)りながら、インタビューを聞きなさい。

 メモ

■ 創業(めいじ)（明治）〜二代目(だいめ) … どんな豆腐(とうふ)屋だったか。

■ 三代目 … 二代目までとどう変わったか。それはなぜか。

■ 四代目（現社長：石川 伸 氏）… どんな地域活動をしているか。

STEP 2 メモの内容をもとに、グループで「おとうふ工房いしかわ」についての情報を下のノートに整理しなさい。全部書けなくてもいいです。

「おとうふ工房いしかわ」と地域との関わり

1. 創業から二代目までの豆腐作り
   - （　　　　　）をしながら、豆腐を作っていた。
   - 豆腐は（　　　　　）の料理だった。
     ⇒ 客が持ってきた（　　　　　）で豆腐を作ってあげていた。

2. 三代目のころの豆腐作り
   - 高度成長期で（　　　　）が増えて、豆腐の（　　　　）が増えた。
     ⇒ （　　　　）をやめて、（　　　　　）だけをするようになった。
   - 客は、ツケで（　　　　）を買っていった。
     ＝お店と地域の人が（　　　　　　　）いた。

3. 四代目と地域活動

①地域活動を始めたきっかけ
- 地域の小学校に頼まれて、(　　　　　　) を開いた。
  ⇒ 豆腐を (　　　　　　) に食べる子どもたちを見て、
    豆腐屋の仕事は人を (　　　　　　) ことができると思った。

②地域活動の発展
- 地域の小学校で、(　　　　　　) を頼まれるようになった。
  ⇩
- 社員と (　　　　　　) 活動「だいずきっず倶楽部」を始めた。
  ⇩　活動の例：春に (　　　　　　) ⇒ 秋に枝豆をとって食べる
  ⇩　　⇒ 冬にとれた大豆で (　　　　　　)
- NPO法人「(　　　　　　)」として活動が広がっている。

4. 石川氏の思い
- 会社は (　　　　　　) のおかげで成長する。
  ⇒ そのお返しに、食べ物を通して (　　　　　　) たい。

STEP 3　もう一度会話を聞いて、pp.101–102のノートを完成させなさい。
▶ Track 6

📝 メモ

資料:「だいずきっず倶楽部」の活動

大豆の種まき(春)

枝豆の収穫(秋)

大豆の収穫(冬)

豆腐作り

写真提供:おとうふ工房いしかわ

3 話し合ってみよう

1. あなたの住んでいた町にも、「おとうふ工房いしかわ」のように、地域との関わりが深い会社や店がありますか。それはどんな会社・店で、どのように地域と関わっていますか。グループで紹介し合いなさい。

📝 メモ

名前（町）	地域との関わりが深い会社・店
（　　　　）	■会社・店の名前： ■創業：（　　　　）年 ■どんな会社・店か／どのように地域と関わっているか：
（　　　　）	■会社・店の名前： ■創業：（　　　　）年 ■どんな会社・店か／どのように地域と関わっているか：
（　　　　）	■会社・店の名前： ■創業：（　　　　）年 ■どんな会社・店か／どのように地域と関わっているか：

豆腐で地域を元気にしたい

山田：今日は、お忙しいところ、お時間をいただき、ありがとうございます。今、ゼミで、企業と地域との関わりについて調査しています。「おとうふ工房いしかわ」は明治創業の老舗とのことですが、その長い歴史の中で、どう地域と関わってきたか、お話をうかがえたらと思います。よろしくお願いします。

石川：はい、わかりました。よろしくお願いします。

山田：明治のころは、どのように商売をしていらっしゃったんですか。

石川：うちは田舎の豆腐屋だったので、農業をやりながら豆腐を作ってたんです。昔は、だいたいどこの農村にもお豆腐屋が1軒あって、そこに大豆を持っていくと、豆腐を作ってくれたんです。豆腐って、特別な日の料理だったって知ってますか。

山田：ええと、お正月とかお祭りの日ですか？

石川：そうそう。そういうときに、お客さんがうちに大豆を持って来て、うちで豆腐を作ってたんです。二代目までは、そんな感じでしたね。

山田：へえ、農業もやっていらっしゃったんですね。でも、どうして農業をやめちゃったんですか。

石川：三代目のときに、高度成長期で地域の人口が増えたんです。それで、豆腐の消費量も増えたので、農業はやめて豆腐作りだけをするようになったんです。

山田：そのころ、この地域には何家族ぐらい住んでたんですか。

石川：二、三百ぐらいだったと思います。

山田：わあ、結構多いですね。ずいぶん忙しくなったんじゃないですか。

石川：ええ。私はまだ子どもだったけど、店番とかさせられてたんですよ。お客さんは畑仕事の帰りに寄るから、お金持ってないことが多くて…。で、ツケで買ってくんだけど、子どもだからお客さんの名前とかメモしてない

の。それでも、あとで、みんなちゃんと払いに来てくれたんですよね。

山田：お店と地域の人たちが信頼し合っていたんですね。石川さんが四代目社長になってからは、どのように地域の人と関わっていらっしゃるんですか。

石川：そうですね…地域との関わりと言うと、自分の価値観が大きく変わる経験をしたんですよ。ちょうど豆腐屋を継いだころ、地域の小学校から頼まれて、子どもたちといっしょに豆腐を作る、豆腐教室を開いたんです。私にとっては、いつも当たり前のように作っている豆腐なんだけど、子どもたちにとっては、自分で作った特別な豆腐なんですよね。目をキラキラさせて、ほんとにおいしそうに食べるんですよ。

山田：わあ、目に浮かぶようです。子どもたちにとっては、初めての体験だったんでしょうね。

石川：それを見て、豆腐屋の仕事は単に豆腐を作って売るだけじゃない、人を笑顔にすることができるんだって思いました。この思いをずっと感じていたくて、こういう地域活動をこれからも続けていこうって思いましたね。

山田：じゃ、どうやってその活動を広げていかれたんですか。

石川：最初は豆腐作りのビデオを作って、市内の小学校に「豆腐作りをぜひ学校の教育にも取り入れてください」って手紙を入れて送ったんです。そうしたら、いろんな小学校から豆腐教室を頼まれるようになりましたね。

山田：なるほど。小学校以外でも何か地域活動をなさってるんですか。

石川：ええ。うちの会社で「だいずきっず倶楽部」っていうボランティア活動も始めたんです。

山田：ああ、ホームページで見ました。大豆をテーマにした活動をなさってるようですね。

石川：はい。子どもたちが、春になると自分たちで大豆の種をまいて育てるんです。で、秋には、少し枝豆をとって食べて、冬に大豆がとれたら、その大豆で豆腐を作るんです。

山田：実際に農業を体験して、自分で育てたものを食べるっていうのは、子どもにとって、本当にいい経験ですね。

石川：お父さんやお母さんにもいっしょに参加してもらうんだけど、みんな本当に生き生きと楽しそうですよ。ほら、これがそのときの写真。

山田：わあ、楽しそうですね。社員のみなさんも活動に参加なさってるんですか。

石川：ええ。この「だいずきっず倶楽部」、実は、社員といっしょに考えた活動なんです。今では、「NPO法人だいずきっず」として、活動が広がってます。

山田：会社全体で地域貢献に取り組んでいらっしゃるんですね。

石川：ええ。自分たちの会社が地域の人たちに支えられて成長していくんだったら、何かの形で地域にお返しをしなきゃいけないですよね。私たちの場合は、食べ物を通して、地域を元気にすることができたらいいのかなって思います。

山田：わあ、すばらしいですね。

石川：私たちの工場の周りには塀がないんだけど、それは地域に溶け込めるようにっていう気持ちがあるからなんです。「この町に『おとうふ工房いしかわ』があってよかった」って言われたいですね。

第4課

自然との共生

トピック

1

里山
―自然と人間が共生する場所―

[読む]

1 考えてみよう

1. 「自然」という言葉から、どのような風景をイメージしますか。

2. 「自然と人間が共生する」とはどのようなことだと思いますか。

3. 右のAの「自然」とBの「自然」は、どこが違うと思いますか。

A

B

予習シート

本文の内容について、合っているものには「○」、合っていないものには「×」をつけなさい。

①里山は、人間が生活のために利用してきた場所である。　[　]

②里山の自然は、原生の状態のまま、人間が守ってきたものである。　[　]

③里山の木は、昔は、生活用具を作る材料としてではなく、家を建てる材料として使われていた。　[　]

④里山では、多様な動植物の命の循環が行われている。　[　]

⑤1960年代以降、農村の生活は以前よりも里山を必要とするようになった。　[　]

⑥人の手が入らなくなると、里山の生態系は壊れてしまう。　[　]

⑦近年、里山の環境を取り戻そうという動きがあるが、どれもうまくいっていない。　[　]

⑧里山は、人間がきちんと手入れをすれば、守ることができる。　[　]

第4課

[読解に必要なことば]

- □ 里山(さとやま)
- □ 自然(しぜん)
- □ 都市(とし)
- □ 人間(にんげん)
- □ 自然と共生(きょうせい)する
- □ 自然との関(かか)わり
- □ 雑木林(ぞうきばやし)
- □ 落(お)ち葉(ば)
- □ 生態系(せいたいけい)
- □ 動植物(どうしょくぶつ)
- □ 命(いのち)
- □ 循環(じゅんかん)
- □ 手入(てい)れをする
- □ 農村(のうそん)
- □ 肥料(ひりょう)
- □ 燃料(ねんりょう)
- □ えさ
- □ 環境(かんきょう)
- □ 里山を生(い)き返(かえ)らせる／里山が生き返る
- □ 再生(さいせい)に取(と)り組(く)む

2 読んでみよう

 里山 ―自然と人間が共生する場所―

　山菜やキノコを採りに行く山、カブトムシやクワガタなどの昆虫に出会える雑木林、魚釣りのできる川、いずれも人間にとって関わりの深い自然の風景である。こうした、人間と関わりの深い自然、都市と原生の自然との間にあって人間が昔から利用してきた自然を「里山」と呼ぶ。

5　里山は、人里の近くにある山地や森林で、人と自然がいっしょにつくり上げてきた場所である。そこでは、生き物たちが多様に関わり合うことで、特有の風土や生態系がつくられる。もともとの自然の状態を維持し続けてきた原生の自然とは異なり、長い間にわたって人間の生活と密接な関係を保ちながら、人の手によって変えられ、維持されてきた自然、それが里山である。

10　里山では、一昔前まで、人々が田畑を耕し、雑木林の木を伐って生活をして

いた。木は、生活用具を作るための材料になるだけではなく、薪や炭などの燃料にもなった。また、落ち葉や実は、畑の肥料や家畜のえさとして利用された。木を伐り、落ち葉を集め、ササやススキのような繁茂しやすい植物を刈り取るといった手入れをくり返すことで、人々は里山の自然を守ってきた。

　人間の生活を支える一方で、里山は多くの動植物の命を支えてきた。関東の雑木林には冬に葉を落とす木が多いが、葉が落ちることで、林の中には日光が入り、草花が育つ。草花にはハチやチョウが集まる。ハチやチョウはカエルのえさになり、カエルはヘビやイタチのえさに、ヘビやイタチはフクロウやワシのえさになる。こうして、里山では命の循環が行われているのである。

　ところが、1960年代以降、農村の生活は大きく変わった。生活のエネルギーは、薪や炭から石油・ガス・電気へと代わった。田畑を耕していた牛や馬はトラクターに、堆肥は化学肥料に取って代わられた。里山の木や落ち葉は不要になり、多くの里山が放置されてしまった。

　放置された里山は、あっという間に荒れ地になる。木は枝を伸ばし、日光をさえぎる。地面にはササやススキが繁茂し、落ち葉も積もって日光が届かない。その結果、草花は育たなくなり、動植物の命の循環も断ち切られてしまう。人の手が入らなくなった里山は、こうして生命力を失っていくのである。

　しかし、人の手でつくった自然は、人の手で生き返らせることも可能なはずである。近年、里山の環境を取り戻そうという動きが日本各地で広がっている。たとえば、東京都町田市の丘陵地では、NPOや市民が主体となって里山の再生に取り組んでいる。繁茂したササを刈り取るなどして雑木林を再生し、池や小川など水辺の保護を行っている。また、里山ツアーや農業体験といった企画を通して、里山のすばらしさと保護の大切さを市民に呼びかけている。こうした努力のおかげで、町田の里山は徐々に生命力を取り戻している。希少植物が芽を出し、カエルやホタルが水辺に戻ってくるなど、今では豊かな生態系を維持できるようになってきたという。町田の里山は、市民にとっての憩いの場として、見事に生き返ったのである。

　都市化が進む現代において、一昔前の農村の生活に戻ることは不可能に近い。

だが、人間がきちんと関われば守れる自然が都会のすぐそばにあるということを
忘れてはならない。里山は、昔も今も、自然と人間の共生の場なのである。

資料：里山の風景

春の里山

雑木林

秋の里山

草花とチョウ

ボランティアによる農作業
（東京都町田市）

水辺に戻ってきた野鳥

写真提供：山本稔氏

内容確認のための質問

1. 「里山」とはどのようなものか。☐の言葉を使って説明しなさい。

    「里山」とは、_____で、

    _____自然のことである。

人里　山地　森林　人間の生活　関わり

2. 「里山」と「原生の自然」の違いを説明しなさい。

    「原生の自然」は、_____自然である。

    それに対して、「里山」は、_____によって、_____

    _____自然である。

3. 里山の自然と人間の関係を説明しなさい。
    ①雑木林の利用法：

    ● 木　⇒ ・（　　　　　　　）を作る
    　　　　　・（　　　）や（　　　）などの（　　　　）にする

    ● 落ち葉や実　⇒ ・畑の（　　　　）にする
    　　　　　　　　　・家畜の（　　　　）にする

    ②雑木林の手入れ：

    ・木を（　　　　　　）
    ・落ち葉を（　　　　　　）　　　　➡ 里山の自然を守る
    ・ササやススキを（　　　　　　）

第4課

115

4. 里山の生態系における動植物の関係について、下の図を説明しなさい。

雑木林の木は冬に葉を（　　　　　）

⇨草花が（　　　　　　）

⇨ハチやチョウが（　　　　　　）

⇨（　　　　　　　）に食べられる

⇨（　　　　　　　）に食べられる

⇨（　　　　　　　）に食べられる

⇨いつか（　　　　　　　　）になる

5. 里山が放置されるようになった理由を説明しなさい。

・生活のエネルギーが、_____になった。

・田畑を耕すのに、_____ではなく、_____を使うようになった。

・畑の肥料として、_____を使うようになった。

　　　⇨里山の木や落ち葉は_____。

6. 放置された里山がどうなるか、説明しなさい。

放置する＝人が木を伐ったり落ち葉を集めたりしない

⇨木の枝が（　　　　　　）・落ち葉が（　　　　　　）

⇨日光が（　　　　　　　）⇨草花が（　　　　　　）

⇨生態系が壊れる⇨里山は（　　　　　　　）

7．町田市の里山再生の取り組みについて説明しなさい。

里山再生の取り組み
■主体：NPOや（　　　　）
■活動の例：
・（　　　　）の手入れ
・（　　　　）の保護
・里山ツアーや（　　　　）などの企画

⇒

取り組みの結果
里山は徐々に（　　　　）
■例：
①（　　　　　　　　）
②（　　　　　　　　）

8．「里山は、昔も今も、自然と人間の共生の場なのである。」（ℓ40）とは、どのような意味か。自分の言葉で説明しなさい。

3 話し合ってみよう

1. 里山での「自然」と「人間」の関係を図で表すとしたら、どのような図になると思いますか。例を参考にして、グループで里山の図を考えなさい。

 メモ

【里山の図】

2. あなた自身にとって、「自然」と「人間」の関係を図で表すとしたら、里山の図と同じですか、違いますか。グループで話し合いなさい。

📝 メモ

あなたにとっての「自然」と「人間」の関係	
(　　　　　)さん	(　　　　　)さん
(　　　　　)さん	(　　　　　)さん

トピック

2

自然と共生する町
―松代―

[聞く]

1 考えてみよう

1. 「自然と共生する町」という言葉を聞いて、どんな町をイメージしますか。

2. あなたの住んでいた町には、川や泉がありますか。

3. 日本の城を見に行ったことがありますか。城の周りの町の様子はどうでしたか。

場面

佐藤さんは大学3年生。ゼミで、「自然と共生する町」というテーマで、城下町、松代について調べたことを発表している。

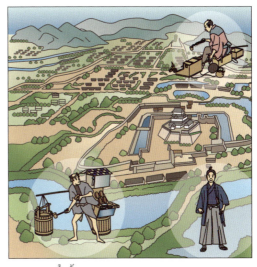

江戸時代の城下町のイメージ

[聴解に必要なことば]

□自然(しぜん)と共生(きょうせい)する
□城(しろ)
□城下町(じょうかまち)
□水(みず)が豊(ゆた)かな町
□山に囲(かこ)まれる
□雨水(あまみず)がしみ込(こ)む
□地下水(ちかすい)
□山のふもと
□泉(いずみ)がわき出(で)る
□水路(すいろ)
□利用(りよう)する
□江戸時代(えどじだい)
□武士(ぶし)

□浄水装置(じょうすいそうち)
□菜園(さいえん)
□子孫(しそん)に受(う)け継(つ)がれる
□水文化(みずぶんか)
□貴重(きちょう)な文化(ぶんか)
□上水道(じょうすいどう)の水源(すいげん)
□水をくむ
□気持ちの表(あらわ)れ

2　聞いてみよう

どうして松代は水が豊かなのですか。また、その水は、江戸時代から現在まで、どのように使われてきましたか。メモを取りながら、佐藤さんの発表を聞きなさい。

 メモ

■水が豊かな理由

■江戸時代の水の利用法
　①庭の池

　②泉水路

　③セギ

■現在の水の利用法

資料：発表のスライド（松代の町）

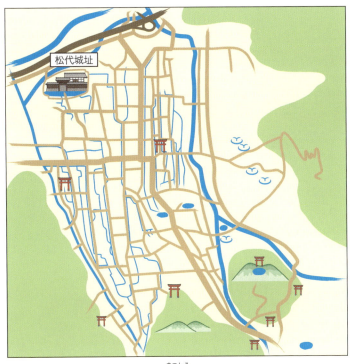

図1：松代の地図

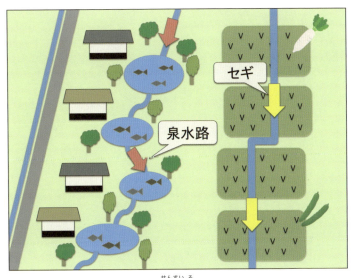

図2：泉水路とセギ

図1・図2は、『こども 松代みて歩き～松代の水～』をもとに作成

資料：発表のスライド（松代の町）

写真①
昔の武士の家

写真②
武士の家の庭と池

写真③
泉水路と浄水装置（砂や石、炭など）

写真④
セギ（農業用の水路）

STEP 2 メモの内容をもとに、グループで発表のレジュメを書きなさい。全部書けなくてもいいです。

自然と共生する町 —松代—

2015年6月10日

佐藤　由美

1. 松代の水が豊かな理由
   - 山の地質は（　　　　　）がしみ込みやすい
     ⇒（　　　　）が（　　　　　）になってわき出ている
   - （　　　　）の水を町に取り込むために（　　　　　）がつくられた

2. 江戸時代の水の利用法
   ①庭の池
   - （　　　　　）や（　　　　　）を洗う
   - （　　　　　）を育てて、食べる

   ②泉水路＝（　　　　　）と（　　　　　）をつなぐ水路
   - 浄水装置で水をきれいにして、（　　　　　）に水を流していた
     ∴（　　　　　）にやさしい

   ③セギ＝家の後ろにある水路
   - （　　　　　）に利用していた

3. 現在の水の利用法
   - 武士の家が（　　　　　）に受け継がれている
     ⇒今でも泉水路や（　　　　　）のある庭が見られる
   - 泉の水は現在も（　　　　　）に使われている
   - 上水道の水源になっている
   - 飲み水として、水を（　　　　　）人も多い

4. 松代の人々の思い
  ● 昔の人：山の上に（　　　　　）が多い
    ＝ 水をきれいにしておくために（　　　　　）を大切にする
  ● 今の人：（　　　　　）や（　　　　　）を守る努力をしている
         ⇩
    水が（　　　　　）できれいな町を守ってこられた

STEP 3 ▶ Track 7　　もう一度発表を聞いて、pp.125–126のレジュメを完成させなさい。

📝 メモ

3 話し合ってみよう

1. あなたの国にも、松代のような自然と共生する町がありますか。その町はどんな町ですか。また、自然と共生するために、町の人は、どんな工夫や努力をしていますか。グループで紹介し合いなさい。

📝 メモ

名前（出身）	自然と共生する町
（　　　　）	町の名前：（　　　　　　　　　） ・特徴： ・町の人の工夫や努力：
（　　　　）	町の名前：（　　　　　　　　　） ・特徴： ・町の人の工夫や努力：
（　　　　）	町の名前：（　　　　　　　　　） ・特徴： ・町の人の工夫や努力：

自然と共生する町　—松代—

　えー、「自然と共生する町」というテーマですが、私が紹介したい町は松代です。松代は長野県の長野市にあります。私はお城や城下町が好きで、よく見に行くんですが、松代も昔からの城下町なので行ってみました。その時に、水が豊かできれいな町だなあって感じたんです。それで、松代について、もっと調べてみることにしました。

　ちょっとこの地図を見てください（図１）。松代は、このように山に囲まれているんですが、この山の地質は雨水がしみ込みやすいんだそうです。しみ込んだ雨水は地下水になるんですけど、その地下水が山のふもとを中心に、泉になってわき出ているんです。で、その泉の水を町に取り込むために、水路がつくられたんだそうです。町の中にたくさん水路がありますよね。

　この泉の水なんですが、本で調べてみたら、300年ぐらい前からいろいろなことに利用されてきたということがわかりました。

　松代は、江戸時代には城下町として栄えていたので、町にはたくさんの武士が住んでいました。武士の家って、どんな家だったと思いますか。この写真を見てください（写真①②）。これが一般的な武士の家なんですが、こんなふうに庭に池があるんです。池の周りには様々な木が植えられていて、池には魚がいます。きれいですよね。昔はこの池の水を使って顔を洗ったり食器を洗ったり…。あ、池で育てた魚を食べたりもしたそうです。

　実は、この池には泉の水が流れてきているんです。そして、池は、こんなふうに、「泉水路」っていう、池と池をつなぐ水路で、隣の家の池につながっているんです（図２）。泉水路には、ちゃんと水をきれいにする浄水装置があったので（写真③）、汚れた水をきれいにしてから隣の家の池に流すことができたんだそうです。環境にやさしいですよね。

　もう一つ、泉の水の利用法があります。武士の家には、家の後ろに「セギ」っていう農業用の水路もあったんです（図２、写真④）。その当時の武士の家には

菜園もあって、自分たちが食べる野菜は自分たちで作っていたみたいなんですが、セギの水は、そうした農業に使われていたそうです。このように、泉の水はいろいろなことに使われていたんですね。

こうした松代特有の水文化は今でも生き続けています。武士の家は、今でもその子孫たちに受け継がれています。もう池の水で顔を洗ったりはしないんでしょうが、今でも泉水路や池のある庭を見ることができるんです。「松代の庭は住民が水と共生してきた証拠だ」、「美しい水路と庭を貴重な文化として守っていこう」という住民がたくさんいて、松代の水文化や城下町を守るために活動しているそうです。

それだけじゃなくて、泉の水は今でも農業に使われているし、上水道の水源にもなっています。この水はとても質がいいので、ペットボトルやタンクを持って水をくみに来る人も多いそうです。私も飲んでみましたが、本当においしかったです。

最後に、先ほど地図でお見せしたように、松代には山が多いんですが、山には神社もたくさんあります。それは、昔の人たちの山を大切にする気持ちの表れなのだそうです。昔の人は、水をきれいにしておくために山を大切にしなければならないと考えていたようです。そして、今でも松代の人は、水路や池を守ろうと努力をしています。そんな松代の人々の思いがあったからこそ、水が豊かできれいな町を守ってこられたんじゃないかと思います。

私の発表は以上です。何かご質問はありませんか。

タスク

3

地域の名所を紹介する

［発表］

タスク	自分が住んでいる地域で有名な場所を一つ選び、その場所の歴史や地域との関わりについて調べたことを発表する。 ※このタスクは、1人または2人で行う。
目的	①身近な地域の名所について、その歴史や地域との関わりを知る。 ②自分が紹介したい場所の特徴や魅力が聞き手に伝わるような発表のし方を学ぶ。
発表の長さ	5分＋質疑応答5分
用意する物	①発表のスライド ②発表の原稿
条件	①実際にその場所に行ってみること。 ②その場所をよく知っている人に話を聞くこと。

タスクの流れ

STEP 1 | 自分が紹介したい「地域の名所」を決める

▼

STEP 2 | インターネットで情報を収集する

▼

STEP 3 | その場所をよく知っている人に話を聞く

▼

STEP 4 | 発表の構成と表現を学ぶ

▼

STEP 5 | 発表の原稿を書く

▼

STEP 6 | 発表のスライドを作る

▼

STEP 7 | 発表をする

▼

STEP 8 | 発表を聞いて考えたことを話し合う

▼

STEP 9 | タスクを振り返る

タスク3

STEP 1　自分が紹介したい「地域の名所」を決める

自分が住んでいる地域や大学がある地域で有名な場所の中から、自分が紹介したい場所を一つ選びましょう。

■「地域の名所」の例：
- 観光スポット（博物館、寺、神社など）
- 地域の商店街
- 地域にある老舗の店や地元の人に人気のある店
- 地域にある大学
- 自然の風景が楽しめる場所（公園、里山など）

　　※歴史があって、地域との関わりが深そうな場所を選ぶとよい。

STEP 2　インターネットで情報を収集する

紹介したい場所についてインターネットで情報を集め、表に整理しましょう。

🖊 インターネットで調べたこと

紹介したい場所	名称： ホームページ （URL：　　　　　　　　　　　　　　　　　　）
①選んだ理由	
②所在地 （どこにあるか）	住所： 最寄り駅：（　　　　　　　　）駅から徒歩（　　　　）分

③概要 （どんな場所か、何があるか）	
④歴史 （いつできたか、どんな歴史があるか）	
⑤地域との関わり （地域のためにどんなことをしているか、地域の人にとってどんな場所か）	
⑥おもしろい点・ 　ユニークな点	
⑦質問 （その場所について聞いてみたいこと）	

タスク3

STEP 3　その場所をよく知っている人に話を聞く

インターネットでわからなかったことについて、その場所をよく知っている人に話を聞きましょう。

✏️ その場所について聞いたこと

●話を聞いた人（だれに聞いたか）：	
質問　※「です・ます」体	答え　※「だ」体
質問①	
質問②	
質問③	
質問④	
質問⑤	

〈知っておくと役に立つ〉
他の人に話を聞くときの表現

初めて話す相手やよく知らない相手から話を聞くときには、次のような表現を使うと、うまく話を聞き出すことができます。

1. 話しかける
    - [お仕事中／お忙しいところ] すみませんが、ちょっと [いいですか／よろしいでしょうか]。
    - すみません。ちょっとお話をうかがってもいいでしょうか。

2. 前置きをしてから質問を始める
    - ○○大学の留学生なんですが、(この神社) について教えていただけないでしょうか。
    - 実は、今、日本語のクラスで、(この神社) について調べているんですけど、少し質問してもいいでしょうか。

3. 歴史について聞く
    - (この神社) は、いつごろからあるんですか。
    - (この神社) は、歴史が古いんですか。
    - (この神社) の歴史について知りたいんですけど、何か [ご存知ですか／知っていらっしゃいますか]。

4. 地域との関わりについて聞く
    - (この神社) には、[地域／地元] の方がたくさん来るんですか。
    - (この神社) には、(お祭り) とか、何か [地域／地元] の方が参加できるような [行事／イベント] はありますか。
    - [地域／地元] の方にとって、(この神社) はどんな場所だと思いますか。

5. お礼を言う
    - いろいろお話がうかがえて、とても参考になりました。
    - いろいろ教えていただいたおかげで、いい発表ができそうです。ありがとうございました。
    - [お仕事中／お忙しいところ]、本当にありがとうございました。

タスク3

STEP 4 発表の構成と表現を学ぶ

発表の例を読んで、発表の構成と表現を確認しましょう。

ポイント
発表では、調べたことを説明するだけでなく、自分がどう思ったか、短いコメントを入れると、自分らしい生き生きとした発表になる。

発表の構成の例

構成	表現
1．はじめに ①テーマの紹介 ②選んだ理由	私が紹介したい場所は、私のアパートの近くにある「杵築大社」という神社です。 　近所の人たちが散歩の途中などにこの神社に寄って拝んでいる姿をよく見かけるので、もしかしたら地元の人にとっては大切な場所なんじゃないかと思って、今回、調べてみることにしました。　※拝（おが）む：pray
2．本論 ①所在地 ②印象・特徴 **コメント**	まず、所在地ですが、杵築大社は、武蔵野市にあります。最寄りの駅は、武蔵境駅で、駅の南口から徒歩5分ぐらいの所にあります。私は毎朝この神社の前を通っているんですが、神社の中に入ったのは、実は、今回が初めてでした。 　これが杵築大社の写真です。明治神宮のような大きな神社ではありませんが、静かで落ち着いた雰囲気の神社です。神社には緑もたくさんあって、とてもきれいです。あ、この木は300年以上も前からあるそうです。すごいですよね。

3．歴史 ①由来（origin） **コメント** ②その後の歴史	次に、この神社の歴史ですが、今から350年以上も昔の1650年ごろ、ちょうど江戸時代の初めごろにできたそうです。そのころ、ここには、徳川家康の孫の松平直政という人の屋敷があったそうですが、その人は、出雲の殿様だったので、あ、出雲は今の島根県です、出雲にあった杵築大社をこの場所にもつくったんだそうです。これが杵築大社の由来です。ちなみに、出雲にあった杵築大社は、今は出雲大社と呼ばれています。だから、武蔵野市の杵築大社は、島根県にある出雲大社の東京支店のようなものですね。 　その後、間もなく、松平の屋敷はなくなったそうですが、神社だけはこの場所に残って、地域の人がずっと守ってきたそうです。そして、明治時代に、今のような杵築大社になったということです。　※屋敷（やしき）：residence　殿様（とのさま）：lord
4．地域との関わり ①利用者の数 ②イベント **コメント**	最後に、この神社と地域との関わりについてですが、神主さんのお話では、この神社には、地域の人が毎年大勢参拝や祈祷に来るそうです。たとえば、正月だけでも約700家族が祈祷を受けに来るようです。 　また、毎年10月には、この神社のお祭りがあって、大勢の人でにぎわうんだそうですが、地域の人はこのお祭りを本当に楽しみにしているようです。私もぜひ一度行ってみたいと思います。 ※神主（かんぬし）：Shinto priest　参拝（さんぱい）：visit a shrine 　祈祷（きとう）：prayer; purification
5．おわりに ①感想 ②おわりのことば	今回、杵築大社について調べてみて、自分が毎日通り過ぎていた神社が、350年以上もの長い歴史を持っていることや、あの有名な出雲大社と深い関係があることに驚きました。また、杵築大社は、地域の人々の信仰の場として、昔も今も、この地域になくてはならない場所だということがよくわかりました。 　以上、武蔵野市にある杵築大社についてご説明しました。何かご質問はありませんか。　※信仰（しんこう）：worship

タスク3

STEP 5　発表の原稿を書く

STEP 2とSTEP 3で収集した情報をもとに、発表のアウトラインを作成し、発表の原稿を書きましょう。

1．次のような構成でアウトラインを作りましょう。

　　※アウトラインは原稿ではないので、長い文章を書く必要はない。
　　　キーワードかキーセンテンス（「である」体）で書く。

 アウトライン

地域の名所を紹介する：（　　　　　　　　　　）について	
1．はじめに	
2．概要	①所在地： ②特徴：
3．歴史	

4．地域との関わり	
5．おわりに	

2．アウトラインに基づき、発表の原稿を書きましょう。

※インターネットで調べたことや人から聞いたことについて話すときには、「〜そうです」や「〜ということです」などの引用の表現を使う。

※最後に【参考資料】を書くこと。インターネットを参照した場合には、下の例のように書くとよい。

例：武蔵野市観光推進機構「杵築大社」(http://musashino-kanko.com/area/musashisakai/kiziki_shrine.html) 2015年6月10日参照

提出：(　　)月(　　)日

発表の原稿

※「です・ます」体で書くこと。

名前：＿＿＿＿＿＿＿＿

発表する日：　　年　　月　　日

地域の名所を紹介する：＿＿＿＿＿＿＿＿＿＿＿

1. はじめに

----

2. 概要

----

3. 歴史

4. 地域との関わり

5．おわりに

_____
_____
_____
_____
_____
_____
_____
_____

【参考資料】

STEP 6　発表のスライドを作る

スライドの例を参考にして、発表のスライドを作りましょう。

■スライドを作るときには
　①見出しには番号をつける。
　②説明の文は、「である」体で、簡潔に書く。
　③文の終わりに「。」はつけない。
　④参考資料と話を聞いた人についての情報を最後に入れる。

スライドの例

タスク3：地域の名所を紹介する

杵築大社（きづき・たいしゃ）

2015年6月19日
マリア・クライン

1．概要

- **名称**　杵築大社（きづき・たいしゃ）
- **所在地**　東京都武蔵野市境南町2-10-11
　　※最寄り駅： 武蔵境駅（南口から徒歩5分）

2．歴 史

- **由来**　350年以上前（1650年頃）
　松平直政（まつだいら・なおまさ）の屋敷があった
　　⇒ 出雲（島根県）にあった杵築大社を
　　　この場所にもつくった
- **その後**
　松平の屋敷はなくなったが、神社だけは残った
　　⇒ 地域の人がずっと守ってきた
　　⇒ 明治時代に今の杵築大社になった

3．地域との関わり

- 地域の人が、毎年、大勢 参拝や祈祷に来る
　★正月だけでも約700家族が祈祷を受ける

- 毎年10月に神社の祭りがある
　★地域の人はこのお祭りを楽しみにしている

4．おわりに

- 350年以上の長い歴史を持つ
- 出雲大社（いずもたいしゃ）と深い関係がある
- 地域の人々の信仰（しんこう）の場として、
　地域になくてはならない場所である

- **参考資料**　武蔵野市観光推進機構「杵築人社」
　　（http://musashino-kanko.com/area/musashisakai/kiziki_shrine.html）
- **お話をうかがった人**　杵築大社の神主さん

STEP 7　発表をする

スライドを見せながら、地域の名所について紹介しましょう。

■発表するときには
- 聞いている人の方を見ながら話す。
- 難しい言葉や専門用語は、簡単な言葉に言い換えながら説明する。
  参拝というのは、お寺や神社に行くことです。
- 聞いている人は、質問やコメントを考えながら聞く。

STEP 8　発表を聞いて考えたことを話し合う

発表を聞いて考えたことをグループで話し合いましょう。

メモ

①特に興味を持った場所や行ってみたいと思った場所はどこですか。
②自分が暮らしている地域についてどう思いましたか。地域の魅力は何ですか。

STEP 9　タスクを振り返る

Can-doチェック表を使ってタスクについて振り返りましょう。

タスク3　Can-doチェック表

名前：(　　　　　　　　　　　　)

■ タスク全体について

①地域の様々な名所について、その場所の歴史や地域との関わりを知ることができた。
　□そう思う　　□少し思う　　□あまり思わない　　□思わない

②自分が紹介したい名所の特徴や魅力を聞き手に伝えることができた。
　□そう思う　　□少し思う　　□あまり思わない　　□思わない

■ 発表について

①発表の目的に合ったテーマを選ぶことができた。
　□そう思う　　□少し思う　　□あまり思わない　　□思わない

②歴史や地域との関わりについて、わかりやすく説明することができた。
　□そう思う　　□少し思う　　□あまり思わない　　□思わない

③適切な引用の表現を使って、調べたことについて話すことができた。
　□そう思う　　□少し思う　　□あまり思わない　　□思わない

④聞き手にとって見やすいスライドを作ることができた。
　□そう思う　　□少し思う　　□あまり思わない　　□思わない

⑤コメントや感想を交えながら生き生きと話すことができた。
　□そう思う　　□少し思う　　□あまり思わない　　□思わない

⑥適切なスピードや声の大きさで話すことができた。
　　□そう思う　　□少し思う　　□あまり思わない　　□思わない

⑦聞いている人の方を見ながら話すことができた。
　　□そう思う　　□少し思う　　□あまり思わない　　□思わない

⑧他の人の発表を聞いて、積極的に質問やコメントをすることができた。
　　□そう思う　　□少し思う　　□あまり思わない　　□思わない

レポートを書いてみよう
—レポートの文体(書き言葉)—

レポートでは、次のような書き言葉を使います。発表のときの表現(話し言葉)と比べてみましょう。

1. 文末の表現(「である」体)

発表のときの表現	レポートの表現
・A大学は文科系の大学<u>です</u>。 ・理科系の大学<u>じゃありません</u>。 ・キャンパスはX市に<u>あります</u>。 ・理科系の専門は<u>ありません</u>。 ・多くの留学生が学んで<u>います</u>。	・A大学は文科系の大学<u>である</u>。 ・理科系の大学<u>ではない</u>。 ・キャンパスはX市に<u>ある</u>。 ・理科系の専門は<u>ない</u>。 ・多くの留学生が学ん<u>でいる</u>。
・キャンパスは、広くて<u>きれいです</u>。 ・留学生が<u>多いです</u>。 ・外国語を学ぶのには、とてもいい環境<u>なんじゃないかと思います</u>。 ・大学祭が有名だ<u>そうです</u>。 ・ぜひ一度大学祭を<u>見てみたいですね</u>。	・キャンパスは、広くて<u>きれいである</u>。 ・留学生が<u>多い</u>。 ・外国語を学ぶには、とてもいい環境<u>なのではないかと思う</u>。 ・大学祭が有名だ<u>そうである</u>。 ・ぜひ一度大学祭を<u>見てみたい</u>。

2. 接続の表現

発表のときの表現	レポートの表現
・小さい大学<u>ですけど</u>、留学生の数は多<u>いんです</u>。 ・寮が近くにある<u>から</u>、<u>便利です</u>。 ・寮が近くに<u>あって</u>、<u>便利です</u>。	・小さい大学<u>だが</u>、留学生の数は多い。 ・寮が近くにある<u>ので</u>、<u>便利である</u>。 ・寮が近くに<u>あり</u>、<u>便利である</u>。

タスク3

3. その他の表現

発表のときの表現	レポートの表現
・クラスにはいろんな国の学生がいます。	・クラスには様々な国の学生がいる。
・学食はすごくおいしいですよ。	・学食はとてもおいしい。
・キャンパスはあんまり広くありません。	・キャンパスはあまり広くない。
・たくさんの日本人学生が海外に留学しています。	・多くの日本人学生が海外に留学している。
・海外に留学する日本人学生がたくさんいます。	・海外に留学する日本人学生が多い。
・今、700人ぐらいの留学生がいます。	・現在、約700人の留学生がいる。
・「国際会館」っていう寮があります。	・「国際会館」という寮がある。

【練習】 下線の表現をレポートの表現にしなさい。

①杵築大社は、武蔵野市にあります。あんまり大きな神社じゃありませんが、
　　　　　　　　　　　　（　　　）（　　　）（　　　　　　　）
静かで落ち着いた雰囲気の神社です。
　　　　　　　　　　（　　　　　）

②神社には、いろんな植物がたくさんあって、すごくきれいですよ。
　　　　　（　　　）　（　　　　　）（　　　　　）

③この神社は、今から350年ぐらい前にできたそうです。
　　　　　　　　　（　　　　　）（　　　　　）

④島根県の杵築大社は、今は、出雲大社って呼ばれています。
　　　　　　　　　（　　　　）　（　　　　　）

⑤毎年10月に、この神社のお祭りがあって、地域の人でにぎわいます。
　　　　　　　　　（　　）（　　　）　（　　　　　）

⑥杵築大社は、地域の人々にとって大切な場所なんじゃないかと思いました。
　　　　　　　　　　　　　　　（　　　　　　　　　　　　）

下のレポートの例を発表の例（pp.136–137）と比べてみましょう。

レポートの例　　　　　　　　　　　　　　　　　　　　　　　　　　※下線は書き言葉

杵築大社について

マリア・クライン

1．はじめに

　私のアパートの近くに、「杵築大社」という神社が<u>ある</u>。近所の人たちが散歩の途中などにこの神社に寄って拝んでいる姿をよく見かける<u>ので</u>、地元の人にとって大切な場所<u>なのではないかと思い</u>、調べてみる<u>ことにした</u>。

2．概要

　杵築大社は、東京都武蔵野市に<u>あり</u>、中央線の武蔵境駅の南口から徒歩約5分の所に<u>ある</u>。明治神宮のような大きな神社ではないが、静かで落ち着いた雰囲気の神社<u>である</u>。神社には緑も多く、とてもきれい<u>である</u>。中には300年以上も前からある大きな木も<u>ある</u>。

3．歴史

　杵築大社は、今から350年以上も前、ちょうど江戸時代の初めごろに<u>できた</u>。そのころ、この場所には、徳川家康の孫の松平直政という人の屋敷があった<u>という</u>。松平直政は、出雲の国（現在の島根県）の殿様だった<u>ので</u>、出雲にあった杵築大社（現在の出雲大社）を武蔵野にもつくったのだそうである。これが杵築大社の由来<u>である</u>。

　その後、間もなく、松平の屋敷はなくなったが、神社だけはこの地に残り、地元の人々がずっと<u>守ってきたという</u>。そして、明治時代になって、現在のような杵築大社になった<u>ということである</u>。

4．地域との関わり

　杵築大社には、毎年、地域の人が大勢参拝や祈祷に来る<u>そうである</u>。たとえば、正月だけでも、約700家族が祈祷を受けにくる<u>という</u>。また、毎年10月には、こ

の神社の祭りがあり、大勢の人々でにぎわう。この祭りを地元の人々はとても楽しみにしているようである。

5．おわりに
　杵築大社について調べてみて、自分が毎日通り過ぎていた神社が350年以上もの歴史を持っていて、有名な出雲大社と深い関係があることを知り、とても驚いた。また、杵築大社は、昔も今も、地域の人々の信仰の場として、この地域になくてはならない場所なのではないかと思った。

参考資料
武蔵野市観光推進機構「杵築大社」（http://musashino-kanko.com/area/musashisakai/kiziki_shrine.html）2015年6月10日参照

タスク3の発表のスライドや原稿をもとに、地域の名所を紹介するレポートを書きましょう。

■レポートを書くときには
・初めて読む人にもその場所のことがよくわかるように具体的に説明する。
・発表のスライドを見ながら作ったほうがレポートにしやすい。
・発表の原稿からレポートにする場合、次のような文や表現は、レポートでは書かなくてよい。

●あいさつ：「みなさん、こんにちは。」「これで、私の発表を終わります。」

●前置き：「まず、所在地ですが、…」「次に、この神社の歴史ですが、…」
「みなさんも聞いたことがあるかもしれませんが、…」

●写真や地図の説明：「ちょっとこの写真を見てください。」
「これが武蔵野市の地図なんですけど、杵築大社は、ここにあります。」
⇒レポートでは、「この写真」「これ」「ここ」が何かわかりません。

●コメントや質問：「すごいですね。」「楽しそうだと思いませんか。」
「みなさんも行ったことがありますか。」「何か質問はありませんか。」

※パソコンを使ってレポートを書く場合には、次の形式で書くこと。

タイトル	ゴシック　12ポイント
見出し	ゴシック　10.5ポイント
本文	明朝　10.5ポイント　※段落の始まりは、1字下げる。
参考資料	明朝　10.5ポイント ※インターネットの場合、タイトル・URL・参照した日を書く。

第5課

「食(しょく)」にみる世界

トピック

1

1杯のコーヒーから世界を考える

[読む]

1 考えてみよう

1. あなたはコーヒーが好きですか。1日に何杯ぐらいコーヒーを飲みますか。

2. あなたがよく飲むコーヒーの生産地はどこですか。どんなブランドのコーヒーをよく飲みますか。

3. このマークを知っていますか。どんな商品についていますか。

提供：NPO法人フェアトレード・ラベル・ジャパン

予習シート

本文の内容について、合っているものには「○」、合っていないものには「✕」をつけなさい。

① 全世界の約20億人が毎日コーヒーを飲んでいる。　　　　　　　　[　　]

② コーヒー1杯の価格の1割は生産者の収入となる。　　　　　　　　[　　]

③ コーヒーの市場価格が下がると、生産者の生活は苦しくなる。　　　[　　]

④ フェアトレードは不平等な貿易を公正なものにしようとする
　取り組みである。　　　　　　　　　　　　　　　　　　　　　　[　　]

⑤ フェアトレードコーヒーは最低価格が保証されているが、
　奨励金は有機栽培のコーヒーでなければもらえない。　　　　　　[　　]

⑥ 国際フェアトレード基準を満たさなければ、認証ラベルは
　もらえない。　　　　　　　　　　　　　　　　　　　　　　　　[　　]

⑦ フェアトレードの商品を買うことは、公正な選挙の実現に
　役立つ。　　　　　　　　　　　　　　　　　　　　　　　　　　[　　]

[読解に必要なことば]

☐ コーヒー産業(さんぎょう)
☐ 輸入業者(ゆにゅうぎょうしゃ)
☐ 小売店(こうりてん)
☐ 生産者(せいさんしゃ)
☐ 消費者(しょうひしゃ)
☐ 国際市場(こくさいしじょう)
☐ 価格(かかく)
☐ 多国籍企業(たこくせききぎょう)
☐ 収入(しゅうにゅう)
☐ 利益(りえき)
☐ 不平等(ふびょうどう)な関係(かんけい)

☐ 貧困(ひんこん)
☐ コーヒー危機(きき)
☐ フェアトレード
☐ 公正(こうせい)な貿易(ぼうえき)
☐ 支払(しはら)う
☐ 最低価格(さいていかかく)
☐ 生産者組合(せいさんしゃくみあい)
☐ 保証(ほしょう)する
☐ 奨励金(しょうれいきん)
☐ 有機栽培(ゆうきさいばい)
☐ 環境(かんきょう)

2 読んでみよう

1杯のコーヒーから世界を考える

　世界で1日に約20億杯も飲まれているコーヒー。日本でも、国民1人当たり毎日1.5杯は飲んでいるという。1杯のコーヒーにいやされたり、元気づけられたりする人も多いだろう。しかし、そのおいしいコーヒーの裏側にあるほろ苦い真実については、あまり知られていないのではないだろうか。

5　コーヒーは、一次産品では、石油に次ぐ世界第2位の国際商品で、コーヒー産業の年間売上高は全世界で800億ドルにも上る。その一方で、コーヒー豆生産者の多くは貧困に苦しんでいる。たとえば、日本のコーヒーショップでコーヒーを1杯飲んだとすると、その価格の9割は輸入業者や小売店、コーヒーショップなどの収入となり、生産者が受け取るのはたった1〜3％だけである。

10　生産者から安く買ったコーヒー豆を企業が莫大な利益に変えている不平等な関係が見えてくる。

コーヒー豆の価格は、生産農家と遠く離れたニューヨークの国際市場で決められる。国際市場の価格は非常に不安定で、変動が激しい。1990年代以降、コーヒーの生産量が世界的に増えた。その上、巨大なコーヒーチェーンなどの多国籍企業が少しでも安く買おうとしたため、90年代後半からコーヒーの価格は下がり、2001年には過去最低となった。いわゆる「コーヒー危機」である。コーヒー危機は、ブラジルやケニアなどで大量の失業者を出し、エチオピアやホンジュラスなどの国々に飢餓をもたらした。多国籍企業が莫大な利益を得る一方で、多くの子どもたちが学校にも行けず、栄養失調に苦しんでいたのである。

　こうした苦い現実を改善しようという取り組みの一つに「フェアトレード」がある。フェアトレードは、通常の不平等な貿易を、より公正なものにしようとする新しい貿易のしくみである。フェアトレードでは、小規模の生産者と対等で長期的な取引の関係をつくり、公正な価格を支払う。それによって、生産者の生活が安定し、彼らが貧困から抜け出して自立することを目指している。

　国際フェアトレードラベル機構（FLO）の定める国際フェアトレード基準では、「フェアトレード最低価格」が決められていて、国際市場の価格がどんなに下がっても、輸入業者は最低価格以上を生産者組合に保証しなければならない。たとえば、アラビカコーヒーのフェアトレード最低価格は、1ポンド当たり140セントで、有機栽培であれば、それよりも30セント高くなる。こうした最低価格の保証のほかに、生産者組合は、コーヒー1ポンド当たり20セントの奨励金も保証されている。奨励金は、小学校や病院の建設、道路の整備といった、地域社会の発展のために支払われるお金で、生産者組合は奨励金を何に使うか話し合いで決める。

　国際フェアトレード基準では、児童労働の禁止や環境にやさしい農業などの社会的・環境的基準も定められており、それらの基準を満たした商品には国際フェアトレード認証ラベルが与えられる。2013年現在、コーヒーをはじめ、チョコレートやバナナなど約3万種類の商品が、世界125カ国以上で売られている。フェアトレード認証のコーヒーも、生産者組合の数、販売量ともに年々増え続けている。こうしたフェアトレード市場の広がりは、不平等な貿易に疑問を

感じ、貧困問題の解決や環境保護に関心を持つ消費者が増えていることを物語っている。

　「フェアトレードは買い物を通して投票するのと同じ」という言い方がある。フェアトレードの商品を買うことは、公正な貿易を支持しているのと同じだからである。フェアトレードのコーヒーとそうではないコーヒー。どちらを選ぶか、私たち消費者一人ひとりの選択が問われているのである。

（2014年7月現在の情報をもとに作成）

資料1：コーヒー1杯の価格とその配分

映画「おいしいコーヒーの真実」(2006)より作成

資料2:不安定な市場価格と安定したフェアトレード価格(アラビカコーヒー)

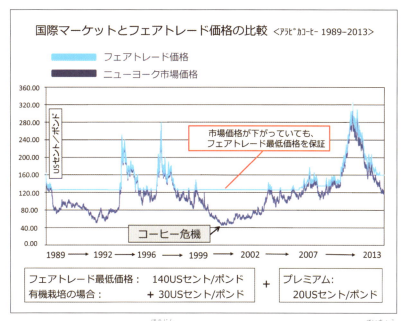

NPO法人フェアトレード・ラベル・ジャパン提供資料より作成

資料3:フェアトレード認証商品

写真提供:NPO法人フェアトレード・ラベル・ジャパン

内容確認のための質問

1. コーヒー1杯に見る企業と生産者の不平等な関係について説明しなさい。

   コーヒーショップでコーヒーを1杯飲んだとき、価格の ＿＿＿＿＿＿ が ＿＿＿＿＿＿ の利益になるのに対して、＿＿＿＿＿＿ が受け取るのは ＿＿＿＿＿＿ だけである。

2. コーヒーの価格が国際市場で決められることの問題点は何か。

   国際市場の価格は ＿＿＿＿＿＿＿＿＿＿＿＿＿＿＿＿＿＿＿＿ ため、＿＿＿＿＿＿ の生活が安定しないこと

3. 「コーヒー危機」の原因と影響について説明しなさい。

   原因
   ・コーヒーの生産量が（　　　　　　　　）
   ・多国籍企業が（　　　　　　　　）

   → **コーヒー危機　コーヒー価格の暴落**

   影響
   ・ブラジルやケニア：（　　　　　　　）が出た。
   ・エチオピアやホンジュラス：（　　　　　　）になった。
   　⇒多くの子どもが（　　　　　　　　　）たり、
   　　（　　　　　　　）になったりした。

   ↕

   多国籍企業は（　　　　　　　　　　　　　　　）

4．「フェアトレード」とはどのようなものか。□□の言葉を使って説明しなさい。

「フェアトレード」とは、＿＿＿＿＿＿＿＿＿＿＿＿＿＿＿＿＿＿＿＿＿＿＿＿＿＿＿

＿＿＿＿＿＿＿＿＿＿＿＿＿＿＿＿＿＿＿＿＿＿＿＿＿＿＿＿＿＿＿である。

＿＿＿＿＿＿＿＿＿＿＿＿＿＿＿＿＿＿＿＿＿＿＿＿＿＿＿＿ことにより、生産者が

＿＿＿＿＿＿＿＿＿＿＿＿＿＿＿＿＿＿＿＿＿＿＿＿を目指している。

| 不平等な貿易 | より公正な貿易 | 公正な価格 | 貧困 | 自立 |

5．「国際フェアトレード基準」では、生産者に対してどのような経済的な保証をしているか説明しなさい。

① （　　　　　　）の保証

＝市場価格がどんなに下がっても（　　　　　）は（　　　　　）に

（　　　　　　）以上を支払う。

② （　　　　　　）の保証

＝（　　　　　　）のために使えるお金を支払う。

6．フェアトレード市場の世界的な広がりは何を意味しているか。

＿＿＿＿＿＿＿＿＿＿＿＿＿＿＿＿＿＿＿＿＿＿＿＿＿＿＿＿＿＿＿＿ということ

7．「フェアトレードは買い物を通して投票するのと同じ」（ℓ42）とは、どのような意味か。また、この考え方についてどう思うか。

＿＿＿＿＿＿＿＿＿＿＿＿＿＿＿＿＿＿＿＿＿＿＿＿＿＿＿＿＿＿＿という意味

自分の考え：＿＿＿＿＿＿＿＿＿＿＿＿＿＿＿＿＿＿＿＿＿＿＿＿＿＿＿＿＿＿＿

＿＿＿＿＿＿＿＿＿＿＿＿＿＿＿＿＿＿＿＿＿＿＿＿＿＿＿＿＿＿＿＿＿＿＿＿＿

第5課

3 話し合ってみよう

1. 店やインターネットなどでフェアトレードの商品を一つ選び、その商品について自分が調べたことをグループで紹介し合いなさい。

   ※調べたことを書くときには「だ・である」体、他の人に紹介するときには、「です・ます」体を使うこと。

<u>フェアトレード商品の例</u>

商品名	「ASPIRO」〈サッカーボール〉	価格	2,500円〜4,500円
販売者	NGO わかちあいプロジェクト URL〈http://www.wakachiai.com〉		
生産者	VISON Technologies Corporation Ltd.社 （パキスタン・シアルコット）		
特徴	● 児童労働をなくし、労働環境を改善することを目的としている。 ● 他の会社よりも高い給料が支払われる。 ● ボール1個当たり75円〜175円の奨励金が支払われる。 　⇨ 奨励金は、子どもの教育や労働者の福祉などに使われる。		
感想	世界のサッカーボールの約70％がパキスタンで作られていて、その多くが低賃金労働や児童労働によって作られているということを知ってショックだった。ASPIROのような取り組みが、他の企業にも広がるといいと思った。		

フェアトレード商品の紹介

商品名		価格	
販売者	URL 〈　　　　　　　　　　　　　　　　　　　〉		
生産者			
特徴			
感想			

第5課

トピック

2

フードマイレージ
―「食(しょく)」から環境(かんきょう)を考える―

[聞く]

1　考えてみよう

1．「フードマイレージ」という言葉(ことば)を聞いたことがありますか。どんな意味だと思いますか。

2．スーパーなどで食料を買うとき、どのようなものを選(えら)べば地球(ちきゅう)の環境に良(よ)いと思いますか。

3．あなた自身(じしん)は、食料を買うとき、環境のことを考えていますか。

場面

ハンさんと山川さんは「食と環境」というセミナーの受講生。授業でフードマイレージについて報告することになり、先生の紹介で、「大地を守る会」に勤める沢村さんの職場を訪れ、「フードマイレージ・キャンペーン」についてインタビューをしている。沢村さんは、同じ大学の卒業生。

解説

フードマイレージ

「食べ物の輸送距離」のことで、「食べ物の重さ(t)×生産地から消費地までの輸送距離（km）」で、その大きさを示す。一般に、「トン・キロメートル」という単位が使われる。フードマイレージが大きいほど、輸送過程で排出されるCO_2の量が多く、環境への負荷が大きい。環境への負荷を小さくするために、できるだけ近くで生産された食べ物を選ぼうというのがフードマイレージの基本的な考え方である。ちなみに、日本のフードマイレージは、2010年現在、約8,669億トン・キロメートルで、世界一大きい。

大地を守る会

有機野菜や無添加食品などの宅配サービスを中心に、環境にも体にも良い食材の販売を行っている会社。日本の第一次産業を守り育てることに長年取り組んでいる。1975年創業で、現在は、社会的企業として、「フードマイレージ・キャンペーン」などのプロジェクトを展開している。

参照：大地を守る会オフィシャルHP（http://www.daichi.or.jp）

第5課

[聴解に必要なことば]

- □ フードマイレージ
- □ フードマイレージ・キャンペーン
- □ 独自(どくじ)のやり方
- □ 取(と)り組(く)む／取り組み
- □ 単位(たんい)
- □ トン・キロメートル
- □ 食べ物を輸送(ゆそう)する
- □ CO_2(シーオーツー)＝二酸化炭素(にさんかたんそ)
- □ CO_2排出量(シーオーツーはいしゅつりょう)
- □ 旬(しゅん)の食べ物
- □ 国産(こくさん)
- □ 外国産(がいこくさん)
- □ 原料(げんりょう)
- □ 小麦(こむぎ)
- □ 食(しょく)パン１斤(いっきん)
- □ 効果(こうか)がある
- □ ドライアイス
- □ 泡(あわ)が出る
- □ 温暖化(おんだんか)を防止(ぼうし)する

2 聞いてみよう

「大地を守る会」では、どのようにフードマイレージ・キャンペーンに取り組んでいますか。メモを取りながら、インタビューを聞きなさい。

 メモ

■「ポコ（poco）」とは何か。

■環境のためには、どのような食べ物を選べばよいか。

■外国産と国産で「ポコ」はどれくらい違うか。
　例：食パン

■「大地を守る会」では、どのようにフードマイレージの考え方を広めているか。

STEP 2 メモの内容をもとに、グループで、フードマイレージ・キャンペーンについての情報を下のノートに整理しなさい。全部書けなくてもいいです。

フードマイレージ・キャンペーン

1. 「ポコ（poco）」とは何か
   - 「ポコ」＝ 食べ物を（　　　　　　　）際の（　　　　　　　）の排出量でフードマイレージを表す単位
   - 「1ポコ」＝ CO_2 100グラム ＝（　　　　　　　　　）10個分
   - 「ポコ」という名前の由来：
     ①（　　　　　）を水に入れると、「（　　　　　）」と泡が出てくる。
     ②イタリア語やスペイン語で、「poco a poco」は、「（　　　　　　）」という意味

2. 環境のためには、どのような食べ物を選べばよいか
   ①できるだけポコの（　　　　　）物
      例：外国産よりは（　　　　　）の物
   ②その時期の（　　　　　）の物

3. 外国産と国産で「ポコ」はどれくらい違うか　ー食パンの場合ー
   外国産小麦の食パン…（　　　　　）ポコ
   国産小麦の食パン…（　　　　　）ポコ
   その差…（　　　　　）ポコ
   ⇒冬に（　　　　　　　　　　　　　）のと同じぐらい、CO_2が減らせる。

4. どのようにフードマイレージの考え方を広めているか　ー取り組みの例ー
   ①（　　　　　　）や（　　　　　　　）などで紹介する。
   ②学校などで、（　　　　　　　　　　　　）。

STEP 3　もう一度会話を聞いて、p.168のノートを完成させなさい。
▶ Track 8

📝 メモ

資料1：輸送手段とCO₂排出量の関係
　　　（1tのものを1km運ぶときに出るCO₂の量(g)）

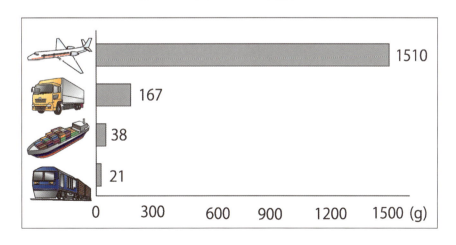

資料2：国産と外国産のCO₂排出量の比較

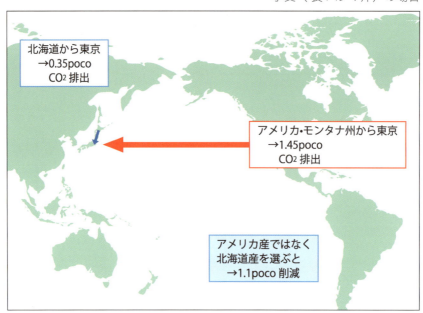

小麦（食パン1斤）の場合

資料1・2は、大地を守る会「フードマイレージ・キャンペーン」
（http://www.food-mileage.com/）より作成

資料3：食品別フードマイレージの比較

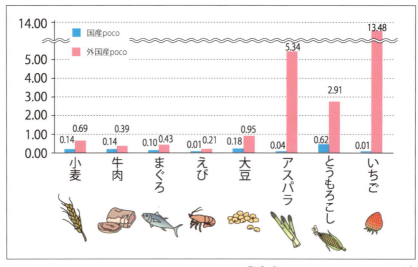

大地を守る会提供「pocoシート（食べ物編）」より作成

3 話し合ってみよう

1. 「環境のために、できるだけ近くで生産された物を食べよう」というフードマイレージの考え方のメリットとデメリットは何だと思いますか。また、その考え方について、あなたはどう思いますか。グループで話し合いなさい。

①フードマイレージの考え方のメリットとデメリット

 メモ

メリット	デメリット

②あなた自身の意見

 メモ

名前	意見・理由

フードマイレージ ―「食」から環境を考える―

沢村：こんにちは。沢村です。ええと、ハンさんと山川さんですね。今日はどうぞよろしく。

ハン／山川：こちらこそ、よろしくお願いします。

沢村：メールでは、うちの会社でやってる「フードマイレージ・キャンペーン」について話が聞きたいっていうことでしたね。

山川：はい。「大地を守る会」では、独自のやり方でフードマイレージのキャンペーンに取り組んでいらっしゃるようですが、具体的にどのような取り組みをなさってるのか、沢村さんにお話をうかがえたらと思って。

沢村：そうですか。フードマイレージ・キャンペーンについては、ホームページでも解説してるんですけど、見たことありますか。

ハン：はい。こちらにうかがう前にざっと読んでみました。「ポコ（poco）」っていう独自の単位を使って、フードマイレージを表してますよね。

沢村：ええ。基本的な考え方は「トン・キロメートル」と同じなんだけど、「ポコ」は、食べ物を輸送する際にどのくらいCO_2を出すかっていう、CO_2の排出量でフードマイレージを表すんです。「1ポコ」はCO_2 100グラムに相当します。大きさで言うと、サッカーボール10個分とか、このぐらいのゴミ袋1つ分ですね。

ハン：サッカーボール10個分のCO_2…。多いか少ないかよくわかんないです。

沢村：でしょうね。でも、大事なのは、環境のことを考えて食べ物を選ぶんだったら、少しでもポコの小さい物を選べばいいってことなんです。たとえば、外国産の物よりは国産の物、遠くの生産地の物よりは地元の物の方が、一般にポコは小さいですよね。あ、それから、その時期の旬の物を選ぶっていうことも大事ですね。

ハン：あのう、国産と外国産でどのぐらいポコに違いがあるんですか。

沢村：そうですね。食パンを例に取って、説明してみましょうか。今、日本で

　　　　売られている食パンの原料になる小麦は、アメリカのモンタナ州産のものが一番多いんだけど、モンタナ州から東京までトラックと船で運ばれるのに、食パン1斤当たり145グラムのCO_2、つまり1.45ポコのCO_2が出るんですね。

ハン：1.45ポコ…。

沢村：ええ。でも、北海道産の小麦を使うと、北海道から東京まで運ばれる間に出るCO_2は、食パン1斤当たり35グラムだから…

山川：0.35ポコ。

沢村：そう。だから、国産小麦のパンのほうが外国産小麦のパンよりも1.1ポコ、CO_2の量が少なくて済むんです。これは、冬にエアコンの温度を1度下げるのと同じぐらい、CO_2を減らす効果があるんですよ。

山川：なるほど。ポコを使うと、食べ物とCO_2の関係がわかりやすいですね。それに、「ポコ」って音も、なんか親しみやすいですよね。

沢村：そうでしょ。実は、ポコは、ドライアイス、あ、ドライアイスはCO_2でできてますよね、そのドライアイスを水に入れるとポコポコって泡が出てくる様子からついた名前なんですよ。

山川：ああ、たしかに。

沢村：それに、イタリア語やスペイン語で「poco a poco」って「ちょっとずつ」っていう意味でしょ。ポコっていう名前には、毎日の生活からちょっとずつでもCO_2を減らして、温暖化を防止したいっていう願いも込められてるんです。

ハン：へえ、そうだったんですか。それで、大地を守る会では、どうやってフードマイレージの考え方を社会に広めていらっしゃるんですか。ぼくは、ホームページを見て知ったんですけど。

沢村：ええ。ホームページでも詳しく解説してますし、会社のニューズレターでも紹介してます。最近では、テレビや雑誌などでも取り上げていただくことも増えてるので、メディアを通してフードマイレージについて知ったという方も多いようです。

山川：なるほど。あの、学校とかで、子どもにフードマイレージについて教えるってこともしてらっしゃるんですか。

沢村：ああ。そういうこともしてます。私も、ついこの前、都内の中学校に行って、フードマイレージの授業をしてきましたよ。若い人たちにも、フードマイレージを通して、少しでも食べ物と環境のつながりを理解してもらえればいいなって思ってます。

(2012年8月現在の情報をもとに作成)

第6課

子どもと
教育

トピック

1

教室のお客様

[読む]

1 考えてみよう

1．子どもにとって、日常生活で必要な言語と学校での学習に必要な言語は同じだと思いますか。もし違うとしたら、どう違うと思いますか。

2．子どものころ、外国で暮らしたり外国に留学したりした経験はありますか。そのとき、言葉がわからなくて困ったことはありますか。それはどのような経験ですか。

3．「教室のお客様」とは、どのような意味だと思いますか。

予習シート

本文の内容について、合っているものには「○」、合っていないものには「✕」をつけなさい。

①メイリンさんもリュウくんも日本語での日常会話ができない。　［　］

②外国人の子どもでも、日常会話に問題がなくなれば、教科の学習もスムーズにいくことが多い。　［　］

③友達との遊びの中で日本語を身につけた子どもは、字を知らなくても、日本人の子どもと同じぐらいの語彙を知っている。　［　］

④日本語だけでなく母語の力も不十分だと、抽象的な思考力が育たない。　［　］

⑤「教室のお客様」とは、教室で大切にされる子どものことである。　［　］

⑥日本語指導が必要な外国人児童生徒が少ない地域の学校では、対応のし方がわからないことが多い。　［　］

第6課

[読解に必要なことば]

- □ お客様(きゃくさま)
- □ 保育園(ほいくえん)
- □ 転校(てんこう)する
- □ 来日時(らいにちじ)
- □ 入学時(にゅうがくじ)
- □ 学齢期(がくれいき)
- □ 日常会話(にちじょうかいわ)
- □ 言葉(ことば)の壁(かべ)
- □ 言語習得(げんごしゅうとく)
- □ 母語(ぼご)
- □ 文字(もじ)
- □ 語彙(ごい)

- □ 教科(きょうか)の学習(がくしゅう)
- □ 土台(どだい)
- □ 不十分(ふじゅうぶん)な
- □ 抽象的(ちゅうしょうてき)な思考力(しこうりょく)
- □ 外国人児童生徒(がいこくじんじどうせいと)
- □ 問題(もんだい)を抱(かか)える
- □ 対応(たいおう)する
- □ 適切(てきせつ)な支援(しえん)
- □ 日本語指導(にほんごしどう)
- □ 適応支援教室(てきおうしえんきょうしつ)
- □ 社会参加(しゃかいさんか)

2 読んでみよう

 教室のお客様

【ある小学校の一日】

　ここはA県B市にあるC小学校。各学年2クラスの小さな小学校だ。4年2組には二人の「お客様」がいる。一人は一番前の席で静かにほほえんでいる女の子。もう一人は、一番後ろの席で大声を出している男の子である。今日も、担任の小田先生はためいきをついて授業を終えた。

　クラスメートとおしゃべりしながら教室を出ていく二人の「お客様」を見送って、小田先生は「友達とはうまくやっているようだ」と少し安心する。

　職員室に戻った小田先生は、指導記録のファイルを開いた。

　メイリンさんの来日時の年齢は4歳2カ月。保育園に2年通った後、日本の小学校に入学し、今年5月にC小学校に転校してきた。母語は広東語。入学時に日常会話に問題がなかったので、特に日本語指導は受けなかったそうだ。とてもおとなしい子で、授業のじゃまをしたことは一度もない。ただ、話しかけてもにこにこす

るだけで返事が返って来ないことが多く、会話が続かない。ノートの字はきれいだが、テストや作文はほぼ白紙である。宿題もやってこないことが多い。父親は日本語が堪能らしいが、仕事が忙しく留守がちだそうだ。母親は日本語が片言程度で、家庭訪問でもあまり話が弾まなかった。一人っ子のメイリンさんは家庭訪問の間中、ずっと横で絵を描いていた。

　リュウくんは日本生まれ。3歳になってすぐ両親とペルーに帰ったが、5歳8カ月で再来日。日本の小学校に入学した際、2カ月間適応支援教室に通った。C小学校に転校してきたのは3年生の3月だった。母語はスペイン語で4歳の弟がいる。おしゃべりが好きでちっともじっとしていない元気な子だ。算数の時間は大活躍するが、社会の時間には大声で授業に関係のない話を始める。指導記録には、「集中力に欠ける」と書かれている。しかし、算数や図工の時間の様子を見ていると、そうは思えない。小田先生は首をひねった。

　メイリンさんの笑顔もリュウくんの私語も、授業がわからないことが原因なのではないだろうか。小田先生は何となくそう感じている。しかし、どう対応すればいいのかがわからない。小田先生は、またためいきをついた。

　メイリンさんやリュウくんのように、外国にルーツのある子どもたちが日本の小学校で学ぶケースが増えている。日本生まれの子もいれば、学齢期になってから日本に来た子もいる。自分の意志でやってくる留学生とは異なり、親の仕事の都合で来た子がほとんどである。その子たちが日本の学校で学ぶとき、直面するのが日本語の壁である。

　日本生まれや幼いときに来日した子どもに多く見られるのが、日本語の日常会話には問題がないが授業にはついていけないというケースである。友達とは普通におしゃべりをしているように見えるので、日本語力に問題はないとみなされ、何もケアされずにきた子どもたちである。

　一般的な日本人の子どもは、小学校入学時にすでに5千以上の語彙を持っていると言われている。また、まだ書くことを習っていなくても、身の回りに絵本や新聞、広告など文字があふれていて、文字が情報獲得の入り口であることを何となく感じ取っている。これらが、小学校で文字を学び教科を学習していく土台となっているのである。

一方、家庭の言語が日本語以外で、保育園や友達との遊びの中で日本語を身につけた子どもたちは、圧倒的に語彙が少なく、家庭によっては、日本語はもちろん、母語の文字に触れる機会もほとんどない。その場合、日本人の子どもたちといっしょに小学校に入学しても、学習の土台がないため、なかなか学習内容が積み上がっていかないことが多い。日本語は話し言葉と書き言葉の差が大きく、日常会話と教科書などの語彙が大きく異なっていることも壁になっている。

　こうした言葉の壁によって最も阻害されるのは、抽象的な思考力の発達である。日本語の語彙が少なくても、母語がしっかり育っていれば、母語を土台として抽象的な思考力を伸ばしていくことは可能である。しかし、もし母語も不十分だとしたら、思考力を伸ばす土台がないことになる。

　日本語であれ母語であれ、学習の土台となる言語が不十分なまま教室にいる子どもたちは、学習活動に十分に参加することができない。何がどうわからないかを表現する手段を持たず、沈黙するか、別の行動で発散するかしかないのである。こうした状況におかれた子どもたちは、「教室のお客様」になってしまいがちだ。「お客様」というのは、もてなされる対象という意味ではなく、正規の一員ではないというマイナスの意味である。義務教育でずっと「お客様」として過ごしてしまった子どもたちは、高校に進学することもできず、社会に出てからも不安定な立場におかれてしまうことが多い。

　文部科学省が行った平成26年度の調査によると、公立学校に在籍する日本語指導が必要な外国人児童生徒の数は、全国で約2万9千人だという。昔から外国人児童生徒の数が多い地域では、日本語指導の経験の蓄積があり、入学・転入時の適応支援教室や取り出し授業のほか、地域のボランティアによる親子支援教室や放課後教室など、独自の支援を行っているところが多い。一方、メイリンさんやリュウくんのいるA県などのように、各学校に外国人児童生徒が一人二人といった地域では、どのように指導や支援をしていいのか困っている例も少なくない。それぞれの子どもの抱えている問題は、母語が何であるかや母語の習得状況、来日時の年齢、学習経験の有無など、様々な要因によって決まるため、だれにでも同じように対応できないからである。

母語以外の言語で学ぶ子どもたちが年齢相応の学習言語運用力と思考力を獲得し、同年齢の母語話者に追いつくのには、5年から7年かかるとされている。それも、適切な支援が得られた場合の話であり、それがなければ、さらに長い年月がかかってしまう。言葉の壁は単に学習を困難にするだけでなく、将来の社会参加が可能かどうかという大きな問題にも発展する恐れがある。それだけに、そうした子どもたちに対する支援の充実は急務である。一人ひとりの子どもにとって何が適切な支援なのか、それぞれの教育現場での判断と対応が求められているのである。

(2015年5月現在の情報をもとに作成)

資料1：日本語指導が必要な外国人児童生徒の数

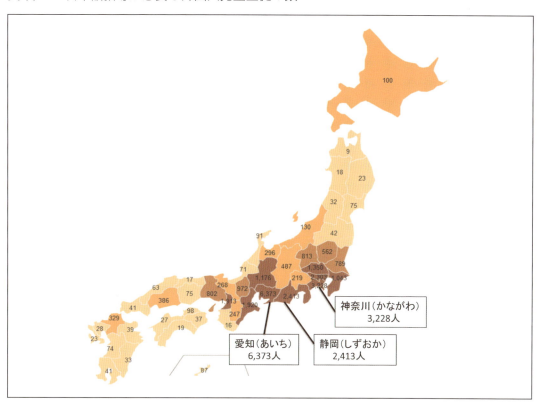

文部科学省「日本語指導が必要な外国人児童生徒の受入れ状況等に関する調査（平成26年度）結果について」より作成

資料2:適応支援教室の風景

写真提供:NPO法人「にわとりの会」

内容確認のための質問

1. メイリンさんとリュウくんに関する情報を表に整理しなさい。

	メイリンさん	リュウくん
母語	広東語	（　　　　）語
プロフィール	・4歳2カ月で（　　　　　） ・2年間（　　　　　　　） ・日本の小学校に入学 ・4年生の5月にC小学校に（　　　　　　）	・日本生まれ ・3歳で（　　　　　　　） ・（　　　　　　　）で再来日 ・日本の小学校に入学 ・（　　　　　　　　　）にC小学校に転校
日本語指導の経験	なし	あり　※入学時に2カ月間（　　　　　　　）に通う
学校での様子	・おとなしい ・（　　　　　）が続かない ・テストや作文は（　　　） ・宿題を（　　　　　）	・元気で（　　　　　）が好き ・（　　　　）の時間は大活躍 ・社会の時間は（　　　　）
二人の共通点	・（　　　　　　　　　　）には問題がない ・授業がよくわかっていないようだ	

2. 一般的な日本人の子どもは、小学校で文字の学習や教科の学習をしていくために、どのような「土台」を持っているか。

・小学校に入学するまでに＿＿＿＿＿＿＿＿＿＿＿＿＿＿＿＿を持っている。

・身の回りに＿＿＿＿＿があふれていて、＿＿＿＿＿＿＿＿＿＿＿＿＿＿＿＿＿＿＿＿＿＿＿ことを感じ取っている。

第6課

3. 母語が日本語以外の子どもが小学校で勉強する際の「言葉の壁」とはどのようなものか。

・日本人の子どもと比べて、圧倒的に＿＿＿＿＿＿＿＿＿＿＿＿＿＿＿＿＿＿＿。

・日本語は＿＿＿＿＿＿＿＿＿＿＿＿＿＿＿＿＿＿＿の差が大きいため、

＿＿＿＿＿＿＿＿＿＿＿＿＿＿＿＿＿＿が大きく異なっている。

4. 言語の力と抽象的な思考力の発達の関係について説明しなさい。

抽象的な思考力の発達には、その（　　　　）となる言語の力が必要である。たとえ日本語の力が不十分でも、（　　　　）の力が十分あれば、抽象的な思考力を（　　　　）ことができる。しかし、日本語も（　　　　）も不十分な場合には、抽象的な思考力は（　　　　）。

5. 「教室のお客様」とはどのような意味か。

＿＿＿＿＿＿＿＿＿＿＿＿＿＿＿＿＿＿＿＿＿＿＿＿という意味

6. 日本語指導が必要な外国人児童生徒の多い地域では、どのような支援を行っているか。

・入学・転入時の（　　　　　　）

・（　　　　　　）

・地域のボランティアによる（　　　　　　）や（　　　　　　）

3　話し合ってみよう

1. メイリンさんとリュウくんが授業についていけるようにするために、教師や親など周りの大人たちに何ができると思いますか。グループで話し合いなさい。

メモ

メイリンさんとリュウくんのためにできること

2. あなたの国・地域では、メイリンさんやリュウくんのような外国語を母語とする子どもたちに対して、何か特別な支援をしていますか。それはどのようなものですか。グループで紹介し合いなさい。

メモ

国・地域	外国人児童生徒に対する支援

第6課

トピック

2

子どもたちに本を読む喜びをあげたい

[聞く]

1 考えてみよう

1．あなたは子どものとき、本を読む習慣がありましたか。どんな本を読んでいましたか。

2．あなたの国では、子どもが本を読むということは自然なことですか。

3．本を読む習慣のない国の子どもたちに本を読む喜びを知ってもらうためには、どのようなことをすればいいと思いますか。

場面

佐藤さんは、開発途上国の教育問題について卒業論文を書いている大学4年生。NPO法人「ラオスのこども」代表のチャンタソン・インタヴォン氏に「ラオスのこども」の活動についてインタビューをしている。

チャンタソン・インタヴォン氏
(Ms. Chanthasone Inthavong)

1953年ラオスのビエンチャンに生まれる。1974年に日本政府国費留学生として来日し、日本の大学、大学院で教育学を学ぶ。現在は、通訳・翻訳の仕事をしながらNPO法人「ラオスのこども」の代表を務めるほかに、ラオス女性の自立を支援する「ホアイホン職業訓練センター」(在ビエンチャン)のセンター長も務める。また、ラオスに幼稚園や小学校なども建設・運営しようとするなど、ラオスの教育改善に取り組んでいる。

[聴解に必要なことば]

□絵本(えほん)
□本に触(ふ)れる機会(きかい)
□翻訳(ほんやく)する
□本を出版(しゅっぱん)する
□絵本作家(えほんさっか)
□現地(げんち)の人を養成(ようせい)する
□ワークショップを開(ひら)く
□本を販売(はんばい)する
□流通(りゅうつう)システム
□読書推進(どくしょすいしん)セミナー
□図書室(としょしつ)を開放(かいほう)する
□家事(かじ)から解放(かいほう)される
□自己表現(じこひょうげん)できる場所(ばしょ)

2　聞いてみよう

STEP 1
▶Track 9

ラオスの子どもたちのために、チャンタソンさんは、どのような活動をしてきましたか。メモを取りながら、インタビューを聞きなさい。

📝 メモ

■活動1：(　　　　　　　　　　　　　　　　　　　　　　　　　　　　)
　　その理由：

■活動2：(　　　　　　　　　　　　　　　　　　　　　　　　　　　　)
　　その理由：

■活動3：(　　　　　　　　　　　　　　　　　　　　　　　　　　　　)
　　その理由：

■活動4：(　　　　　　　　　　　　　　　　　　　　　　　　　　　　)
　　その理由：

■活動5：(　　　　　　　　　　　　　　　　　　　　　　　　　　　　)
　　その理由：

■活動6：(　　　　　　　　　　　　　　　　　　　　　　　　　　　　)
　　その理由：

STEP 2 メモの内容をもとに、グループで、チャンタソンさんの活動がどのように発展していったのか、下のノートに整理しなさい。全部書けなくてもいいです。

チャンタソンさんの活動について

1. 日本の（　　　　　）をラオスに送る
   活動を始めた理由：自分の娘が（　　　　　　　）姿を見て、ラオスの子どもたちにも（　　　　　　）喜びを知ってほしいと思った。

2. 日本語や（　　　　　）の絵本を（　　　　　）に翻訳して出版する
   活動を始めた理由：子どもたちが（　　　　　　）を知りたがっているということに気づいた。

3. ラオスで（　　　　　　）の養成を始める
   活動を始めた理由：ラオスには（　　　　　）が少ない。

4. 学校に（　　　　　）をつくる・日本から（　　　　　　）を送る
   活動を始めた理由：
   ・ラオスには、本を出版しても（　　　　　　）がない。
   ・ラオスの学校には（　　　　　）がない。
      ⇒本を作っても、子どもが本に触れる機会が増えなかった。

5. 学校の（　　　　　）のための（　　　　　　）セミナーを始める
   活動を始めた理由：親も教師も、（　　　　　）習慣があまりない。
   セミナーの目的：教師に（　　　　　　）の大切さを知ってもらう。
   セミナーの効果：（　　　　　）に対する教師の意識が変わった。
      例：（　　　　　　　　　　）教師もいる。

第6課

6．ラオス各地に（　　　　　　　　　）をつくる

活動を始めた理由：子どもたちが（　　　　　　　）から解放されて、

自由に（　　　　　　）できる場所が必要だと思った。

活動の効果：

①子どもが（　　　　　　　　　　　　　　　　　）なった。

②親も（　　　　　　　　　　　　　　　　　　　）なった。

STEP 3　もう一度会話を聞いて、pp.189–190のノートを完成させなさい。
▶ Track 9

 メモ

資料：NPO法人「ラオスのこども」の活動

初めてラオス語に翻訳して現地で出版した絵本『ビックリ星』

図書箱

小学校の図書室

読書推進セミナー

読書推進活動

子ども文化センター

写真提供：NPO法人「ラオスのこども」

3　話し合ってみよう

1．あなたは子どものころ、どんな本が好(す)きでしたか。子どものころに好きだった本について、グループで紹介(しょうかい)し合(あ)いなさい。

✏️「子どものころに好きだった本」

本のタイトル	『　　　　　　　　　　　　　　　　　　　　　　　　　』		
作者(さくしゃ)		出版年(しゅっぱんねん)	年
あらすじ			
一番好きな場面(ばめん)			
この本が好きな理由(りゆう)や子どものころの思い出			

2. 子どもにとって、本とはどのようなものだと思いますか。グループで話し合い、1文で表現(ひょうげん)しなさい。

📝 メモ

名前	子どもにとっての本
	子どもにとって、本は_____である。
	子どもにとって、本は_____である。
	子どもにとって、本は_____である。
	子どもにとって、本は_____である。

子どもたちに本を読む喜びをあげたい

佐藤:はじめまして。佐藤です。今日は、お忙しいところ、お時間をいただき、ありがとうございます。

チャンタソン:いいえ、こちらこそ。若い方に私たちの活動について興味を持っていただけて、うれしいです。

5 佐藤:ありがとうございます。では、さっそくですが、「ラオスのこども」について、簡単にご説明いただけないでしょうか。

チャンタソン:ええと、「ラオスのこども」っていうNPO法人になったのは、2003年なんだけど、実際には、もう30年以上の長い歴史がある会なのね。1982年に「ラオスの子どもに絵本を送る会」を友人と立ち上げたのが始まりなのよ。

佐藤:そのころは、日本の絵本をラオスに送っていたんですか。

チャンタソン:そうなの。近所の保育園とかに呼びかけたりして、要らなくなった絵本を集めて、それをラオスに送ってたの。

佐藤:はあ。でも、どうしてラオスに絵本を送ろうなんて思ったんですか。

15 チャンタソン:その当時、私は子育てをしながら日本の大学院で勉強してたんだけど、娘が楽しそうに絵本を読む姿を見て、「子どもって、こんなに小さくても本に興味があるんだ。」って思ったのね。ラオスのような貧しい国では、子どもが本に触れる機会が少ないから、字も読めないし、本も読みたがらないんだけど、それは本を読む環境がないからなんじゃないかって。自分の娘が日本で普通に味わっている喜びを、ラオスの子どもたちにも味わってほしいって思った。絵本を送ったらその環境が作れるんじゃないかって。それで、絵本を送るようになったのよ。

佐藤:そうだったんですか。子どもたちは喜んだでしょうね。

チャンタソン:まあね。でも、最初は、まあ、絵だけ見ればいいんじゃないかって思ってたんだけど、日本語の字を見て、ラオスの子が「これ、何て書い

てあるの？」って聞くの。それを聞いたら、「ああ、やっぱり本の内容が知りたいんだ。翻訳してあげなくちゃ。」って思ったの。

佐藤：ああ、それで、翻訳を始めたんですね。

チャンタソン：そう。少しずつラオス語の翻訳をつけて、絵本を送るようになって。でも、日本から本を送るのにお金がかかるじゃない。それなら、ラオスで絵本を作ったらいいんじゃないかって思うようになったのね。で、ラオスの作家に英語の本を翻訳してもらったりして、ラオスで出版するようになったの。

佐藤：なるほど。あの、翻訳した本のほかにも、ラオス語の絵本をたくさん出版なさっていますよね。

チャンタソン：ええ、よくご存じね。ラオスには絵本作家がほとんどいなかったから、絵本作家を養成することから始めたのよ。日本の有名な絵本作家の方にラオスでワークショップを開いてもらったりして、少しずつ現地の人を養成していったの。もちろんみんな素人で、絵本なんて作ったことがない人たちばかりだったんだけど、その研修を受けた人たちが、今でもずっと本を作ってるのよ。

佐藤：わあ、すごい。ラオスの子も絵本に触れる機会が増えたんでしょうね。

チャンタソン：それが、そんなに簡単じゃないのよ。ラオスには、本を出版しても、本を販売するルートというか、流通システムがないの。スーパーや文房具屋にちょっと本が置いてあるだけ。それに、学校には図書室もない。だから、「図書箱」っていって、木が入った本棚のようなものを作ってラオスの学校に送ったり、学校に図書室を作ったりして、少しでも本を読んでもらえるような環境づくりをしたの。

佐藤：本を作るだけじゃ、だめなんですね。

チャンタソン：その通りよ。しかも、親も学校の先生も、本を読む習慣がないから、図書箱や図書室があっても、だれも読んでくれない。「本は、教科書の勉強のじゃまになる」なんて言って、図書箱や図書室に鍵をかけちゃう先生もいるし。

佐藤：じゃあ、どうやって本を読む習慣を広めたんですか。

チャンタソン：学校の先生のための「読書推進セミナー」っていうのを開いて、まず、先生方に本を読むことの大切さを説明することにしたの。3日間だけのセミナーなんだけど、毎年、全国各地から何百人っていう先生が集まってくるの。遠くの村から象に乗ってやってくる先生もいるのよ。今では、このセミナーを受けた先生の中には、自宅に図書室をつくって、子どもたちに開放している先生もいるわよ。少しずつだけど、本を読むことに対する先生の意識も変わってきたわね。

佐藤：子どもたちに本を読ませるには、先生の養成も必要だったんですね。

チャンタソン：ええ、そうよ。そのほかにも、私たちは、ラオス各地に「子ども文化センター」っていう施設をつくる活動もしてるのね。学校が終わったあとに、子どもたちが集まってきて、本を読んだり、音楽や踊りも楽しめるような場所。ラオスでは、放課後は家事をしなきゃいけない子が多いんだけど、そういう子たちが家事から解放されて、自由に自己表現できる場所になればいいなあって思って。

佐藤：へえ。それで、子どもたちも変わりましたか。

チャンタソン：ええ、もちろん。本を読んだり、友達といっしょに遊んだりすることで、明るくなったし、自分に自信が持てるようになった。将来、絵本の作家になりたいって言う子もいるのよ。そういう子どもたちの声を聞くと、「ああ、良かった」って思う。それに、今では、親も喜んで子ども文化センターに通わせてくれるようになったしね。

佐藤：すばらしいですね。子どもが変わることで、親も変わったんですね。

(2014年3月現在の情報をもとに作成)

チャンタソンさんから留学生のみなさんへのメッセージ

大学で学ぶ専門知識以外にも、日本全国を旅して、日本の様々な風景や文化、生活様式など、広い意味での知識を学んで欲しいと思います。それによって、自分の国の文化や生活様式を再評価して、民間大使として、その情報を日本や海外に発信してください。

タスク

4

私のボランティア経験

［インタビュー］

タスク	大学や地域のNPOやボランティア団体など、身近なところでボランティア活動に関わっている人をゲストとして招き、ボランティアの経験についてインタビューする。そして、その結果を報告書にまとめ、報告し合う。 ※このタスクは、2～4人で行う。
目的	①身近なところでボランティア活動をしている人にインタビューし、ボランティア活動の意義について考える。 ②適切なインタビューのし方と、インタビュー報告書の書き方を学ぶ。
用意する物	①インタビューシート ②インタビューの報告書

タスクの流れ

STEP 1 | テーマについてブレーンストーミングする

▼

STEP 2 | インタビューシートを作る

▼

STEP 3 | インタビューの練習をする

▼

STEP 4 | インタビューをする

▼

STEP 5 | 報告書の構成と表現を学ぶ

▼

STEP 6 | 報告書を書く

▼

STEP 7 | インタビュー結果を報告し合う

▼

STEP 8 | 報告を聞いて考えたことを話し合う

▼

STEP 9 | タスクを振り返る

STEP 1 テーマについてブレーンストーミングする

ボランティアに関する次の問いについて、グループで話し合いましょう。

 メモ

①「ボランティア」という言葉からどんな活動を思い浮かべますか。

②あなた自身はボランティアの経験がありますか。どのようなボランティア活動ですか。
　ボランティアの経験はどうでしたか。

③あなた自身はボランティア活動に積極的ですか、消極的ですか。
　その理由は何ですか。

STEP 2　インタビューシートを作る

ボランティア活動をしている人にインタビューしたい質問を考え、インタビューシートを作りましょう。

1．インタビューでは、次の①〜⑤の項目についてゲストに質問します。項目①の質問文の例を参考に、項目②〜⑤の質問文を考え、インタビューシートに書きましょう。

【インタビュー項目】
　①ボランティア活動の内容
　　（活動の内容、回数や時間、活動年数など）
　　　例：・今、どこで、どんなボランティア活動をしていますか。
　　　　　・月にどのぐらいボランティア活動をしていますか。
　　　　　・何年ぐらいそのボランティアをしていますか。
　②ボランティア組織について
　　（組織名、設立時期、活動や目的、スタッフの数など）
　③ボランティア活動を始めたきっかけや理由
　④ボランティア活動の感想
　　（楽しさ・大変さ、忘れられない経験、学んだことなど）
　⑤今後の目標・やってみたいこと

2．インタビューの質問ができたら、担当（質問をする人）を決めましょう。

タスク4

✏️ インタビューシート

■テーマ：ボランティアの経験(けいけん)について

■インタビューの日：(　　　　)年(　　)月(　　)日

■インタビューした相手(あいて)

①名前：(　　　　　　　　　)さん　　※フルネームを漢字で

②職　業(しょくぎょう)：(　　　　　　　　)

③学生の場合(ばあい)：(　　　　　　　　)大学
　　　　(　　　　　　)学部(がくぶ)(　　)年(　　　　　　)専攻(せんこう)

④出身(しゅっしん)：(　　　　　　　)

⑤趣味(しゅみ)：(　　　　　　　　　　)

■インタビューの内容

担当	トピック	質問 ※「です・ます」体	答え ※「だ」体
	①ボランティア活動の内容	【活動の内容】 今、どこで、どんなボランティア活動をしていますか。	
		【回数・時間】 月にどのぐらいボランティア活動をしていますか。	
		【活動年数】 何年ぐらいそのボランティアをやっていますか。	
	②ボランティア組織について	【組織名】 ボランティアをしている組織の名前は何ですか。	
		【設立時期】 その組織はいつごろできたんですか。	
		【活動・目的】	
		【スタッフの数】	
		【その他】	
	③ボランティアを始めたきっかけ	【きっかけ・理由】	

タスク4

担当	トピック	質問 ※「です・ます」体	答え ※「だ」体
	④ボランティア活動の感想	【楽しさ・大変さ】	
		【忘れられない経験】	
		【活動を通して学んだこと】	
		【その他】	
	⑤今後の目標	【今後の目標・やってみたいこと】	
	⑥その他		

■インタビューで印象に残った言葉

■インタビューの感想

STEP 3　インタビューの練習をする

インタビューする相手に応じた適切なインタビューのし方を学び、インタビューのロールプレイをしましょう。

※ゲストが目上の人の場合には、次のような表現は、敬語を使って話したほうがよい。

●敬語を使ったほうがよい表現

・どこ　⇨　どちら

・していますか　⇨　していらっしゃいますか／なさっていますか

・どう思いますか　⇨　どう思われますか

・説明してくれませんか　⇨　説明してくださいませんか

【練習1】　次の下線の表現を敬語に変えて、質問をする練習をしなさい。

①今、どこでボランティア活動をしていますか。

②何年ぐらい、そのボランティアをやっているんですか。

③山田さんがボランティアをしている組織の名前を教えてもらえますか。

④スタッフやボランティアの人は何人ぐらいいるんですか。

⑤ボランティアを始めたきっかけは何ですか。

【練習2】　ボランティアをしたことのあるクラスメートを相手に、インタビューシートを使ってインタビューする練習をしなさい。

※インタビューの流れと、インタビューに必要な表現については、タスク2の「インタビューのし方を学ぶ」（pp.72–75）を参考にすること。

STEP 4　インタビューをする

インタビューシートを使って、ゲストにインタビューをしましょう。

■インタビューの進め方
　①お互いに名前を確認する。出身も伝えるとよい。
　②ゲストの職業や趣味などについて質問して、インタビューシートの「インタビューした相手」を完成させる。
　③「ボランティア経験」についてゲストにインタビューをする。
　　※ゲストの答えをノートにメモしておくこと。
　④インタビューが終わったら、聞き取った内容に間違いがないかゲストに確認しながら、インタビューシートを完成させる。

　■インタビューをするときには
　　・質問に答えてもらうことが目的だが、ゲストとの会話を楽しむことも大切にする。
　　・相手の言っていることが聞き取れなかったり、よく理解できなかったりしたときには、遠慮せずに確認する。

STEP 5　報告書の構成と表現を学ぶ

インタビュー結果の報告書の例を読んで、報告書の構成と表現を確認しましょう。

■報告書を書くときには
　・初めて読む人にもよくわかるように、具体的な例を挙げながら書く。
　・文は、「だ・である」体で簡潔に書く。
　・ゲストが目上の場合でも、報告書では敬語は使わなくてもよい。
　・「〜そうだ」「〜ということだ」などの引用の表現は使わなくてもよい。

報告書の例

※下線は、書き言葉

山本さんのボランティア経験について

ジム・リー

■インタビューした日：2015年7月15日（水）
■インタビューした相手
　□名前：山本和美（やまもと かずみ）さん
　□職業：図書館の職員
　□出身：X市
　□趣味：社交ダンス、旅行

1. ボランティア活動の内容

　①活動の内容：Y市にあるNPO「ようこそ！」の地域の日本語教室で、外国人の子どもたちにボランティアで日本語を教えている。山本さんのクラスには、中国やフィリピンなど、様々な国籍の小学生が、約10名通っている。時々、親もいっしょに日本語の勉強をしに来る。

　②活動の回数・時間：毎週水曜日の15:00～18:00の3時間

　③活動年数：今年で5年目

2. ボランティア組織について

　①名称：NPO法人「ようこそ！」（1997年設立）

　②目的：地域の小学校や中学校に通う外国人の子どもやその親が日本の学校や社会に適応できるよう、日本語や教科学習の支援をする。

　③主な活動：日本語教室や学習支援教室、書道や料理などの親子体験教室を開いたり、バザーや運動会といった国際交流イベントを企画したりしている。

　④スタッフの数：NPOスタッフは10名程度。ボランティアは30名以上

3. ボランティアを始めたきっかけ・理由

　5年ほど前、当時小学3年生だった山本さんのお子さんの授業参観をした際、教室の一番後ろの席でずっと絵を描いていて授業に参加していない外国人の子がいて、とても気になった。その子は日本に来てまだ1年程度で、日本語がまだ十分ではないということがわかり、大変だろうなと思った。そん

なとき、山本さんが勤めている図書館の掲示板で、「子どもたちに日本語を教えてみませんか」というボランティア募集のポスターを見つけ、日本語を教えた経験はなかったが、どうしてもやってみたいと思い、応募した。

4. ボランティア活動の感想

①楽しさ：子どもたちが楽しく日本語が学べるよう、ゲームや絵本の読み聞かせなどを取り入れているが、子どもたちが喜びそうなことを考えるのが楽しい。そして、実際に、子どもたちが楽しそうに日本語を学ぶ姿を見ると、とてもうれしくなる。

②大変さ：なかなか心を開いてくれない子や途中で来なくなる子がいて心配になるが、自分ではどうすればいいかわからない。

③忘れられない経験：最初は全然ひらがなも書けなかった子ががんばってひらがなを覚え、その子から「かずみせんせい、ありがとう！」と書かれたカードをもらったとき、涙が出るほどうれしかった。

5. 今後の目標・やってみたいこと

教室に通っている子どもたちの多くは、まだ文字を覚えるのも大変で、本を自分で読む楽しさを知らない。そういう子どもたちが、自分で日本語の本を読んで楽しいと思えるよう、彼らの興味や日本語の力に合った本を紹介してあげたい。また、職場の図書館にも、彼らが日本人の子どもたちといっしょに本を読んで交流できる場をつくりたい。

6. インタビューの感想

山本さんは、日本語を教えた経験がないと言っていたが、ひらがなゲームやしりとり歌を考えたりして、子どもたちが日本語を楽しみながら学べるような工夫をしているのがすばらしいと思った。山本さんご自身の子育ての経験や図書館での仕事の経験がボランティア活動に生かされている気がした。

インタビューの中で山本さんは、「どの子も笑顔は世界一。世界で一人しかいない自分に自信を持って生きてほしい」と言っていた。そう話す山本さんの笑顔もとても優しく素敵だった。山本さんの思いは、きっと子どもたちにも届いていると思う。

STEP 6 　報告書を書く

報告書の例のような書き言葉の表現を使って、報告書を書きましょう。

提出：(　　　)月(　　　)日

_____
　報告書　　　　　　　　　　　　　　　　　　　※「だ・である」体で書くこと。
_____

_____さんのボランティア経験について

名前：_____

■インタビューした日：_____年____月____日(____)

■インタビューした相手

　□名前：_____さん

　□職業：_____

　(_____大学_____学部____年_____専攻)

　□出身：_____

　□趣味：_____

1. ボランティア活動の内容

　①活動の内容：_____

　_____

　_____

　_____

　_____

タスク4

②活動の回数・時間：_____

③活動年数：_____

2．ボランティア組織について
　①名　称：_____（　　　　　年設立）

　②目的：_____
　_____
　_____

　③主な活動：_____
　_____
　_____

　④スタッフの数：_____

3．ボランティアを始めたきっかけ・理由
　_____
　_____
　_____
　_____

4．ボランティア活動の感想
　①楽しさ：_____
　_____

②大変さ：

③忘れられない経験：

④活動を通して学んだこと：

5. 今後の目標・やってみたいこと

6. インタビューの感想

タスク4

STEP 7　インタビュー結果を報告し合う

報告書の内容をもとに、インタビューの結果をグループで報告し合いましょう。

■進め方
①インタビューした相手が違う人同士で3〜4人のグループを作る。
②報告書の内容についてそれぞれ報告し、お互いに質問し合う。
③報告が終わったら、グループでSTEP 8のディスカッションをする。

■報告するときには
・報告書をただ読み上げるのではなく、下の例のように、「です・ます」体を使ってわかりやすく話す。
・「〜そうです」「〜ということです」「〜さんは〜と言っていました」のような引用の表現を使って、インタビューの相手が話した内容を伝える。

例

報告書

> ①活動の内容：Y市にあるNPO「ようこそ！」の地域の日本語教室で、外国人の子どもたちにボランティアで日本語を教えている。山本さんのクラスには、中国やフィリピンなど、様々な国籍の小学生が約10名通っている。

報告するときの話し方

> 　まず、活動の内容ですが、山本さんは、今、Y市にある「ようこそ！」というNPOがやっている地域の日本語教室で、外国人の子どもたちにボランティアで日本語を教えています。山本さんのクラスには、中国やフィリピンなど、いろんな国籍の小学生が10人ぐらい通っているそうです。

STEP 8　報告を聞いて考えたことを話し合う

インタビュー結果の報告を聞いて考えたことについて、グループで話し合いましょう。

 メモ

①インタビューをした人たちのボランティア経験の共通点や共通するキーワードは何ですか。

②様々なボランティア経験を聞いて、どう思いましたか。

STEP 9　タスクを振り返る

次のページのCan-doチェック表を使ってタスクについて振り返りましょう。

タスク4　Can-doチェック表

名前：(　　　　　　　　　　　)

■ **タスク全体について**

①ボランティア活動をしている人の経験を聞いて、ボランティア活動の意義について考えることができた。
　□そう思う　　□少し思う　　□あまり思わない　　□思わない

②インタビューの相手に応じた適切なインタビューができた。
　□そう思う　　□少し思う　　□あまり思わない　　□思わない

③インタビューした相手のことがよく伝わるような報告ができた。
　□そう思う　　□少し思う　　□あまり思わない　　□思わない

④グループのメンバーと協力してタスクを進めることができた。
　□そう思う　　□少し思う　　□あまり思わない　　□思わない

■ **インタビューについて**

①相手が答えやすい質問をすることができた。
　□そう思う　　□少し思う　　□あまり思わない　　□思わない

②相手の話を十分理解することができた。
　□そう思う　　□少し思う　　□あまり思わない　　□思わない

③相手の話がよく理解できなかったときに、相手に確認することができた。
　□そう思う　　□少し思う　　□あまり思わない　　□思わない

④あいづちを打ったりコメントをしたりしながら、会話をスムーズに進めることができた。
　□そう思う　　□少し思う　　□あまり思わない　　□思わない

⑤目上の相手には敬語を使ってインタビューをすることができた。
　□そう思う　　□少し思う　　□あまり思わない　　□思わない

■ 報告書について
　①初めて読む人でもよくわかるような具体的な内容の報告書が書けた。
　　□そう思う　　□少し思う　　□あまり思わない　　□思わない

　②インタビューの内容についてよく考え、感想を深めることができた。
　　□そう思う　　□少し思う　　□あまり思わない　　□思わない

　③適切な書き言葉の表現を使って報告書を書くことができた。
　　□そう思う　　□少し思う　　□あまり思わない　　□思わない

■ グループでの報告について
　①初めて聞く人でもよくわかるような具体的な内容の報告ができた。
　　□そう思う　　□少し思う　　□あまり思わない　　□思わない

　②適切な引用の表現を使って、インタビュー相手が言ったことについて報告することができた。
　　□そう思う　　□少し思う　　□あまり思わない　　□思わない

　③聞いている人の方を見ながら話すことができた。
　　□そう思う　　□少し思う　　□あまり思わない　　□思わない

　④お互いの報告を聞いて、積極的に質問やコメントをし合うことができた。
　　□そう思う　　□少し思う　　□あまり思わない　　□思わない

タスク4

この教科書によく出てくることば

※□印の語は基本語で、全部で70語ある。

あ行

□相手［あいて］
□意義［いぎ］
□NPO［エヌピーオー］
　NPO活動［エヌピーオーかつどう］
　NPO法人［エヌピーオーほうじん］
□絵本［えほん］
　絵本作家［えほんさっか］

か行

□会社［かいしゃ］
　会社員［かいしゃいん］
　化粧品会社［けしょうひんがいしゃ］
　子会社［こがいしゃ］
□価格［かかく］
　市場価格［しじょうかかく］
　最低価格［さいていかかく］
□関わる［かかわる］
　関わり合う［かかわりあう］
　関わり［かかわり］
□学習（する）［がくしゅう（する）］
　学習活動［がくしゅうかつどう］
　学習経験［がくしゅうけいけん］
　学習言語運用力
　　［がくしゅうげんごうんようりょく］
□学校［がっこう］
□活動（する）［かつどう（する）］
　NPO活動［エヌピーオーかつどう］
　学習活動［がくしゅうかつどう］
　サークル活動［サークルかつどう］
　就職活動［しゅうしょくかつどう］
　地域活動［ちいきかつどう］
　ボランティア活動［ボランティアかつどう］

□環境［かんきょう］
　環境づくり［かんきょうづくり］
　環境保護［かんきょうほご］
　言語環境［げんごかんきょう］
　労働環境［ろうどうかんきょう］
□関係［かんけい］
　IT関係［アイティーかんけい］
　上下関係［じょうげかんけい］
　人間関係［にんげんかんけい］
□企業［きぎょう］
　社会的企業［しゃかいてききぎょう］
　多国籍企業［たこくせききぎょう］
□客［きゃく］
　お客様［おきゃくさま］
　お客さん［おきゃくさん］
　買い物客［かいものきゃく］
□教育［きょういく］
　教育改善［きょういくかいぜん］
　教育現場［きょういくげんば］
　教育問題［きょういくもんだい］
　義務教育［ぎむきょういく］
　専門教育［せんもんきょういく］
□教室［きょうしつ］
　親子支援教室［おやこしえんきょうしつ］
　適応支援教室［てきおうしえんきょうしつ］
　豆腐教室［とうふきょうしつ］
　日本語教室［にほんごきょうしつ］
　放課後教室［ほうかごきょうしつ］
□共生（する）［きょうせい（する）］
□近所［きんじょ］
　隣近所［となりきんじょ］
□経験（する）［けいけん（する）］
　学習経験［がくしゅうけいけん］
　ボランティア経験［ボランティアけいけん］

- □ 言語［げんご］
  - 言語環境［げんごかんきょう］
  - 言語習得［げんごしゅうとく］
  - 学習言語運用力
    　［がくしゅうげんごうんようりょく］
- □ コーヒー
  - コーヒー危機［コーヒーきき］
  - コーヒー産業［コーヒーさんぎょう］
  - コーヒーショップ
  - コーヒーチェーン
  - コーヒー豆［コーヒーまめ］
- □ 国際［こくさい］
  - 国際営業部［こくさいえいぎょうぶ］
  - 国際市場［こくさいしじょう］
  - 国際商品［こくさいしょうひん］
  - 国際フェアトレード基準
    　［こくさいフェアトレードきじゅん］
  - 国際フェアトレード認証ラベル
    　［こくさいフェアトレードにんしょうラベル］
- □ 言葉［ことば］
  - 言葉の壁［ことばのかべ］
  - 書き言葉［かきことば］
  - 話し言葉［はなしことば］
- □ 子ども［こども］
  - 子どもたち［こどもたち］

さ行

- □ 再生（する）［さいせい（する）］
  - 里山再生［さとやまさいせい］
  - 商店街再生［しょうてんがいさいせい］
- □ 支援（する）［しえん（する）］
  - 親子支援教室［おやこしえんきょうしつ］
  - 適応支援教室［てきおうしえんきょうしつ］
- □ 仕事［しごと］
  - 畑仕事［はたけしごと］
- □ 市場［しじょう］
  - 市場価格［しじょうかかく］
  - 国際市場［こくさいしじょう］
  - フェアトレード市場［フェアトードしじょう］

- □ 自然［しぜん］
  - 自然な／自然に［しぜんな／しぜんに］
- □ 時代［じだい］
  - 江戸時代［えどじだい］
  - 学生時代［がくせいじだい］
  - 大学時代［だいがくじだい］
  - 明治時代［めいじじだい］
- □ 児童［じどう］
  - 児童労働［じどうろうどう］
  - 外国人児童生徒［がいこくじんじどうせいと］
- □ 自分［じぶん］
  - 自分たち［じぶんたち］
  - 自分自身［じぶんじしん］
- □ 地元［じもと］
- □ 社会［しゃかい］
  - 社会参加［しゃかいさんか］
  - 社会人［しゃかいじん］
  - 社会的［しゃかいてき］
  - 地域社会［ちいきしゃかい］
- □ 就活［しゅうかつ］
- □ 就職（する）［しゅうしょく（する）］
  - 就職活動［しゅうしょくかつどう］
  - 就職試験［しゅうしょくしけん］
- □ 授業［じゅぎょう］
  - 取り出し授業［とりだしじゅぎょう］
- □ 小学校［しょうがっこう］
- □ 商店街［しょうてんがい］
  - 商店街再生［しょうてんがいさいせい］
- □ 商品［しょうひん］
  - 国際商品［こくさいしょうひん］
- □ 情報［じょうほう］
  - 情報獲得［じょうほうかくとく］
  - 情報交換［じょうほうこうかん］
  - 個人情報［こじんじょうほう］
- □ 将来［しょうらい］
- □ 職場［しょくば］
- □ 生活（する）［せいかつ（する）］
  - 生活基盤［せいかつきばん］
  - 生活用具［せいかつようぐ］
  - 学生生活［がくせいせいかつ］

日常生活 ［にちじょうせいかつ］
□生産（する）［せいさん（する）］
　生産者 ［せいさんしゃ］
　生産地 ［せいさんち］
　生産量 ［せいさんりょう］
□世界 ［せかい］
　世界一 ［せかいいち］
　世界的な ［せかいてきな］
　全世界 ［ぜんせかい］

た行

□大豆 ［だいず］
□食べ物 ［たべもの］
□地域 ［ちいき］
　地域活動 ［ちいきかつどう］
　地域社会 ［ちいきしゃかい］
□出会う ［であう］
　出会い ［であい］
□豆腐 ［とうふ］
　豆腐屋 ［とうふや］
　豆腐教室 ［とうふきょうしつ］
　豆腐作り ［とうふづくり］
□友達 ［ともだち］
□取り組む ［とりくむ］
　取り組み ［とりくみ］

な行

□人間 ［にんげん］
　人間関係 ［にんげんかんけい］
□農業 ［のうぎょう］
　農業体験 ［のうぎょうたいけん］

は行

□人々 ［ひとびと］
□表札 ［ひょうさつ］
□フードマイレージ
　フードマイレージ・キャンペーン

□フェアトレード
　フェアトレード最低価格
　　［フェアトレードさいていかかく］
　国際フェアトレード基準
　　［こくさいフェアトレードきじゅん］
　国際フェアトレード認証ラベル
　　［こくさいフェアトレードにんしょうラベル］
□不思議な ［ふしぎな］
□文化 ［ぶんか］
　異文化 ［いぶんか］
　自文化 ［じぶんか］
　日本文化 ［にほんぶんか］
　水文化 ［みずぶんか］
□母語 ［ぼご］
　母語話者 ［ぼごわしゃ］
□ボランティア
　ボランティア活動 ［ボランティアかつどう］

ま行

□学ぶ ［まなぶ］
□守る ［まもる］
□魅力 ［みりょく］
□問題 ［もんだい］
　問題点 ［もんだいてん］
　教育問題 ［きょういくもんだい］
　貧困問題 ［ひんこんもんだい］

ら行

□留学（する）［りゅうがく（する）］
　留学生 ［りゅうがくせい］
　日本留学 ［にほんりゅうがく］
□利用（する）［りよう（する）］
　利用者数 ［りようしゃすう］
　利用法 ［りようほう］
□歴史 ［れきし］

参考文献

■第1課　トピック2
NHK「生活情報ブログ：マンションで自分の表札出しますか？（2013年1月4日放送）」
　　http://www.nhk.or.jp/seikatsu-blog/300/142352.html

■第2課　トピック1
阿部正浩・松繁寿和（2010）『キャリアのみかた―図で見る109のポイント―』有斐閣
佐藤孝治（2010）『＜就活＞廃止論―会社に頼れない時代の仕事選び―』PHP新書
辻太一朗（2010）『就活革命』日本放送出版協会（NHK出版）

■第3課　トピック1
岩村田商店街オフィシャルHP「いわむらだ・こむ」http://www.iwamurada.com
加瀬清志（2012）『日本でいちばん元気な商店街―やる気で変わる！地方の商店街復活への道―』
　　ほおずき書籍
経済産業省商務流通保安グループ中心市街地活性化室（2013）『好きなまちで挑戦し続ける』
中島直人・初田香成（2008）「商店街モデルノロジー―東京の商店街形成史―」
　　『東京人』2008年3月号、都市出版、pp.96-113.

■第3課　トピック2
石川伸（2011）『大豆が教えてくれること―たかが豆腐、されど豆腐―』日新報道
NPO法人だいずきっずオフィシャルHP　　http://www.daizukids.com
おとうふ工房いしかわオフィシャルHP　　http://www.otoufu.co.jp

■第4課　トピック1
NPO法人樹木・環境ネットワーク協会（聚）「フィールド活動：町田・三輪里山」
　　http://www.shu.or.jp/protect/field_machida/field.html
鈴木三男（2002）『日本人と木の文化』八坂書房
田中淳夫（2011）『いま里山が必要な理由』洋泉社
東京新聞サンデー版「親しもう里山の自然」2004年5月9日
東京新聞サンデー版「未来に残そう里地里山のめぐみ」2010年9月12日
町田市役所「里山再生」
　　http://www.city.machida.tokyo.jp/kurashi/kankyo/midori/satoyama/index.html

■第4課　トピック2
川崎史郎（2009）『信州の城下町を歩く』川辺書林
佐藤滋・城下町都市研究会（2002）『図説　城下町都市』鹿島出版会
松代文化財ボランティアの会（2004）『城下町　松代』ほおずき書籍
松代文化財ボランティアの会（2013）『こども　松代みて歩き〜松代の水〜』松代文化施設等
　　管理事務所（真田宝物館）

■第5課　トピック1
朝日新聞「コーヒーのほろ苦い秘密」2008年10月4日朝刊
NPO法人フェアトレード・ラベル・ジャパン「フェアトレードとは？」
　　http://www.fairtrade-jp.org/about_fairtrade/
FLO・IFAT・NEWS!・EFTA編（2008）『これでわかるフェアトレードハンドブック—世界を
　　幸せにするしくみ—』合同出版
オックスファム・インターナショナル（2003）『コーヒー危機—作られる貧困—』筑波書房
DVD「おいしいコーヒーの真実」アップリンク2008

■第5課　トピック2
大地を守る会「フードマイレージ・キャンペーン」http://www.food-mileage.com

■第6課　トピック1
齋藤ひろみ編著（2011）『外国人児童生徒のための支援ガイドブック　子どもたちのライフコースに
　　よりそって』凡人社
中島和子編著（2010）『マルチリンガル教育への招待　言語資源としての外国人・日本人年少者』
　　ひつじ書房
文部科学省「海外子女教育、帰国・外国人児童生徒教育等に関するホームページ CLARINETへようこそ」
　　http://www.mext.go.jp/a_menu/shotou/clarinet/main7_a2.html

■第6課　トピック2
NPO法人ラオスのこどもオフィシャルHP　　http://homepage2.nifty.com/aspbtokyo/

■その他
「チュウ太の道具箱」日本語読解学習支援システム『リーディング・チュウ太』（開発代表：川村よし子）
　　http://language.tiu.ac.jp/

取材・校閲にご協力いただいた方々

※所属および肩書きは、取材・校閲当時のものである。

■第2課　トピック1
小川由美子氏（東京外国語大学グローバル・キャリア・センター　チーフコーディネータ）

■第2課　トピック2
東京外国語大学留学生日本語教育センター修了生3名

■第3課　トピック1
阿部眞一氏（岩村田本町商店街振興組合　代表理事）

■第3課　トピック2
石川伸氏（株式会社おとうふ工房いしかわ　代表取締役）

■第4課　トピック1
北川勝弘氏（元名古屋大学農学国際教育協力研究センター教授）
山本稔氏（元東京新聞編集委員　現在は町田市観光コンベンション協会ガイド）

■第4課　トピック2
降幡浩樹氏（松代文化施設等管理事務所　学芸員）

■第5課　トピック1
NPO法人フェアトレード・ラベル・ジャパン事務局

■第5課　トピック2
齋藤史恵氏（株式会社大地を守る会経営企画グループ　広報担当）

■第6課　トピック1
齋藤ひろみ氏（東京学芸大学人文社会科学系日本語・日本文学研究講座日本語教育学分野　教授）

■第6課　トピック2
チャンタソン・インタヴォン氏（NPO法人ラオスのこども代表）
野口朝夫氏（NPO法人ラオスのこども事務局長）

CDの収録内容

■聞いてみよう

Track 1：第1課トピック2　　　街で見つけたおもしろいもの
Track 2：第2課トピック2　　　留学生の先輩に聞く「日本の職場」［第1部］
Track 3：第2課トピック2　　　留学生の先輩に聞く「日本の職場」［第2部］
Track 4：タスク2　Step 3　　「インタビューの練習をする」［練習2］
Track 5：タスク2　Step 3　　「インタビューの練習をする」［練習3］
Track 6：第3課トピック2　　　豆腐で地域を元気にしたい
Track 7：第4課トピック2　　　自然と共生する町—松代—
Track 8：第5課トピック2　　　フードマイレージ—「食」から環境を考える—
Track 9：第6課トピック2　　　子どもたちに本を読む喜びをあげたい

■読んでみよう

Track 10：第1課トピック1　　　留学することの意義
Track 11：第2課トピック1　　　「就活」を考える
Track 12：第3課トピック1　　　商店街でみんな元気に
Track 13：第4課トピック1　　　里山—自然と人間が共生する場所—
Track 14：第5課トピック1　　　1杯のコーヒーから世界を考える
Track 15：第6課トピック1-1　教室のお客様　エピソード「ある小学校の一日」
Track 16：第6課トピック1-2　教室のお客様　本文

■著者
東京外国語大学留学生日本語教育センター

■執筆者

工藤嘉名子(くどう かなこ)
東京外国語大学大学院国際日本学研究院　准教授
担当：第3課トピック1／第4課トピック1／
　　　第5課トピック1・トピック2／
　　　第6課トピック2／タスク1・2・3・4

大津友美(おおつ ともみ)
東京外国語大学大学院国際日本学研究院　准教授
担当：第3課トピック2／第4課トピック2

菅長理恵(すがなが りえ)
東京外国語大学大学院国際日本学研究院　教授
担当：第1課トピック2／第6課トピック1

中井陽子(なかい ようこ)
東京外国語大学大学院国際日本学研究院　准教授
担当：第2課トピック1・トピック2

■執筆協力者［寄稿］

荒川洋平(あらかわ ようへい)
東京外国語大学大学院国際日本学研究院　教授
担当：第1課トピック1

■編集・統括
工藤嘉名子

■イラスト
あべみずほ（株式会社日本職能開発振興会）

日本で学ぶ留学生のための中級日本語教科書

出会い　本冊　テーマ学習・タスク活動編

DEAI: Encounter with Japanese Society and Culture
Japanese Language Center for International Students,
Tokyo University of Foreign Studies

発行	2015年5月29日　初版1刷
	2019年4月2日　　　　4刷
定価	3000円＋税
著者	ⓒ東京外国語大学留学生日本語教育センター
発行者	松本功
ブックデザイン	大崎善治
印刷・製本所	株式会社シナノ
発行所	株式会社ひつじ書房
	〒112-0011　東京都文京区千石2-1-2　大和ビル2階
	Tel.03-5319-4916　Fax.03-5319-4917
	郵便振替00120-8-142852
	toiawase@hituzi.co.jp　http://www.hituzi.co.jp/
	ISBN 978-4-89476-758-4

造本には充分注意しておりますが、落丁・乱丁などがございましたら、小社かお買上げ書店にておとりかえいたします。
ご意見、ご感想など、小社までお寄せ下されば幸いです。

〈ひつじ書房　刊行書籍のご案内〉

「大学生」になるための日本語 1・2
堤良一・長谷川哲子著　定価1900円＋税

日本語がいっぱい
李徳泳・小木直美・當眞正裕・米澤陽子著　Cui Yue Yan絵
定価3000円＋税

新訂版　聞いておぼえる関西(大阪)弁入門
真田信治監修　岡本牧子・氏原庸子著
定価2800円＋税

日本で学ぶ留学生のための
中級日本語教科書

出会い

本冊　テーマ学習・タスク活動編

語彙リスト
〈英語訳〉

第1課　トピック1
留学することの意義

■タイトル

異文化	いぶんか	foreign culture; different culture
(異文化との)出会い	(いぶんかとの)であい	encounter (with foreign cultures)
留学する	りゅうがくする	study abroad
意義	いぎ	meaning; significance

■考えてみよう

あなた自身	あなたじしん	you yourself
イメージする		image

■予習シート

本文	ほんぶん	main text
内容	ないよう	content
(内容に)合う	(ないように)あう	ones which match (the content)
最大の	さいだいの	utmost
(異文化と)出会う	(いぶんかと)であう	encounter (foreign cultures)
日本文化	にほんぶんか	Japanese culture
自国	じこく	one's own country
自分自身	じぶんじしん	one's self
密接な(関係)	みっせつな(かんけい)	close (ties); close (relation)
(留学生と)交流する	(りゅうがくせいと)こうりゅうする	interact (with foreign students)
自文化	じぶんか	one's own culture
考え直す	かんがえなおす	think over
(自分が)何者か	(じぶんが)なにものか	who (you are)

■読解に必要なことば

日本留学	にほんりゅうがく	studying abroad in Japan
多様な(文化)	たような(ぶんか)	diverse (cultures)
友人	ゆうじん	friend
クラスメート		classmate
異文化交流	いぶんかこうりゅう	intercultural exchange
他国	たこく	another country
意識する	いしきする	be aware of

■読んでみよう

今日だけで	きょうだけで	today alone
どれほど(〜だろう)		how many (... would have)
多くの(若者)	おおくの(わかもの)	many (young people)
若者	わかもの	young people
故郷を後にして	こきょうをあとにして	leave one's hometown
成田空港	なりたくうこう	Narita Airport
(空港に)降り立つ	(くうこうに)おりたつ	arrive (at the airport)
〜ことだろう(か)		just imagine (how) ...
様々な(色)	さまざまな(いろ)	various (colors)
瞳	ひとみ	eyes
(思う)たびに	(おもう)たびに	every time when (I think of)
いったい(何か)	いったい(なにか)	(what) exactly could be
それとも		or
完成させる	かんせいさせる	complete
それら		these
否定する	ひていする	deny
(否定する)わけではない	(ひていする)わけではない	I do not mean to (deny)
(それらを)超えた	(それらを)こえた	(something) more than
(留学すること)によって	(りゅうがくすること)によって	by (studying abroad)
混在する	こんざいする	coexist
新幹線	しんかんせん	*shinkansen*; bullet train
通り過ぎる	とおりすぎる	pass by
線路	せんろ	railway track
のどかな		calm; peaceful
田園風景	でんえんふうけい	countryside
広がる	ひろがる	spread
東京スカイツリー観光	とうきょうスカイツリーかんこう	tour of Tokyo Skytree
一家	いっか	family
焼き魚	やきざかな	roast fish
味噌汁	みそしる	miso soup
〜といった		things of the kind
昔ながらの	むかしながらの	traditional; old fashioned
家庭の味	かていのあじ	taste of home cooking
どれを取っても	どれをとっても	each of everything
〜に目を向ける	〜にめをむける	give attention to ...
切り離せない	きりはなせない	inseparable
韓国出身	かんこくしゅっしん	from South Korea
帰国する	きこくする	return to one's country
驚く	おどろく	be surprised

(日本で)暮らす	(にほんで)くらす	live (in Japan)
(暮らしている)うちに	(くらしている)うちに	as (one keeps on living)
相手	あいて	conversation partner; who you talk to
「ウチ」の関係	「ウチ」のかんけい	in-group relationship
「ソト」の関係	「ソト」のかんけい	out-group relationship
(言葉を)使い分ける	(ことばを)つかいわける	use (words) depending on respective occasions
(大切さに)気づく	(たいせつさに)きづく	realize (the importance)
寮	りょう	dormitory
キッチン		kitchen
知り合う	しりあう	be acquainted with
ディスカッション		discussion
考えもしなかった	かんがえもしなかった	(something) that one have never thought of
〜にほかならない		be no more (less) than ...
(友人)にとって	(ゆうじん)にとって	for (one's friend)
(留学して)はじめて〜できる	(りゅうがくして)はじめて〜できる	can ... only by (studying abroad)
貴重な(経験)	きちょうな(けいけん)	valuable (experience)
実は	じつは	in fact; as a matter of fact
自身	じしん	oneself
普段	ふだん	usually: ordinarily
鏡	かがみ	mirror
まるで〜のように感じる	まるで〜のようにかんじる	feel as if ...
イタリア出身	イタリアしゅっしん	form Italy
お別れパーティー	おわかれパーティー	farewell party
集まり	あつまり	gathering
〜に遅刻する	〜にちこくする	be late for ...
白い目で見られる	しろいめでみられる	be looked coldly
(経験)を通して	(けいけん)をとおして	through (the experience)
(時間の)捉え方	(じかんの)とらえかた	one's sense (of time)
絶対のものとせず	ぜったいのものとせず	not thinking (something) absolute
再考する	さいこうする	reconsider
最良の(方法)	さいりょうの(ほうほう)	the best way
方法	ほうほう	way; method
(研究を)進める	(けんきゅうを)すすめる	carry on (one's research)
手がかり	てがかり	clue
時には	ときには	sometimes; occasionally
〜のではないだろうか		I think that it might be ...

■内容確認のための質問

例	れい	example
言い換える	いいかえる	say in other words

■話し合ってみよう

グループ		group
話し合う	はなしあう	discuss

第1課　トピック2
街(まち)で見つけたおもしろいもの

■考えてみよう

表札	ひょうさつ	name plate (placed on the entrance of Japanese homes)
不思議に思う	ふしぎにおもう	feel something strange or unfamiliar
表札を出す	ひょうさつをだす	place a nameplate (on the entrance of one's house)

■場面

| 韓国系カナダ人 | かんこくけいカナダじん | Korean Canadian |
| 発表する | はっぴょうする | make a presentation |

■聴解に必要なことば

玄関	げんかん	entrance of a house
門	もん	gate
名字	みょうじ	family name; last name
郵便配達の人	ゆうびんはいたつのひと	mail carrier
番地	ばんち	address; home number
通りの名前	とおりのなまえ	name of street
個人情報	こじんじょうほう	personal information
犯罪に利用される	はんざいにりようされる	be abused for a crime
安全な	あんぜんな	safe
不安な	ふあんな	feel worried or insecure
安心する	あんしんする	feel safe and comfortable
隣近所の人	となりきんじょのひと	neighbors; people who live by
人間関係	にんげんかんけい	human relations

■聞いてみよう

疑問	ぎもん	question
理由	りゆう	reason
メモを取る	メモをとる	take notes
〜に関する(ニュース)	〜にかんする(ニュース)	(news report) on ... ; related to ...
考え	かんがえ	opinion; thought
〜をもとに		based on ...
レジュメ		résumé; handout
完成させる	かんせいさせる	complete

札	ふだ	plate; label
最近	さいきん	recently
マンション		apartment house
増える	ふえる	increase
一方で	いっぽうで	on the other hand
目的	もくてき	purpose

■スクリプト

見かける	みかける	(happen to) see; notice
普通	ふつう	generally; usually
ローマ字	ローマじ	Alphabet
韓国	かんこく	South Korea
カナダ		Canada
親戚	しんせき	relative
郵便	ゆうびん	mail
(郵便が)届く	(ゆうびんが)とどく	(mail is) delivered
探す	さがす	find
先ほどの	さきほどの	a moment ago
(家族)全員	(かぞく)ぜんいん	all members (of a family)
こんなふうに		like this
〜んだろうか		I wonder ...; Could it be ...?
先日	せんじつ	the other day
偶然	ぐうぜん	by chance
その一方で	そのいっぽうで	on the other hand
(関係を)良くする	(かんけいを)よくする	build good (relationship)
(いい)んじゃないか		might be (better)
〜じゃないかと思う	〜じゃないかとおもう	I think that ...
お互い	おたがい	each other; one another
暮らす	くらす	live
つまり		in other words
〜と言えるかもしれない	〜といえるかもしれない	We may say that ...
「私の発表は以上です。」	「わたしのはっぴょうはいじょうです。」	"Thank you for listening." ("That concludes my presentation.")

第2課　トピック1
「就活」を考える

■タイトル

人生	じんせい	one's life
キャリア		career
就活	しゅうかつ	abbreviation of *shushoku-katsudo* (=job hunting)

■考えてみよう

就職活動	しゅうしょくかつどう	job hunting
活動	かつどう	activity
企業	きぎょう	company; corporation
（企業に）就職する	（きぎょうに）しゅうしょくする	get a position (with a company)
リクルートスーツ		job hunting suit
マニュアル本	マニュアルぼん	manual (of basic information)

■予習シート

服装	ふくそう	clothing
（試験を）受ける	（しけんを）うける	take (an examination)
履歴書	りれきしょ	curriculum vitae; résumé
エントリーシート		*Entry Sheet*; job registration form
内定	ないてい	tentative job offer
書類審査	しょるいしんさ	screening of documents
筆記試験	ひっきしけん	written examination
面接試験	めんせつしけん	interview
（試験に）合格する	（しけんに）ごうかくする	pass (an examination)
社会人	しゃかいじん	working adult
自分づくり	じぶんづくり	establishing yourself

■読解に必要なことば

情報	じょうほう	information
セミナー		seminar
ガイダンス		guidance
応募書類	おうぼしょるい	application form
面接	めんせつ	interview
専門的な	せんもんてきな	professional; technical
知識	ちしき	knowledge

マニュアル化される	マニュアルかされる	be formalized
試行錯誤する	しこうさくごする	try and fail
能力	のうりょく	ability; competence
(能力を)発揮する	(のうりょくを)はっきする	demonstrate (one's ability)

■読んでみよう

～から～にかけて		from ... to ...
黒っぽい	くろっぽい	dark; blackish
大学キャンパス	だいがくキャンパス	university (or college) campus
見かける	みかける	(happen to) see; notice
略して	りゃくして	for short
イベント		event
希望	きぼう	wish; desire
資料	しりょう	documents
(資料を)取り寄せる	(しりょうを)とりよせる	order (documents); send for (documents)
その後	そのご	after that
様々な(問題)	さまざまな(もんだい)	various (problems)
専門教育	せんもんきょういく	technical education
就職セミナー	しゅうしょくセミナー	job seminar
(授業を)欠席する	(じゅぎょうを)けっせきする	be absent (from school)
～に基づいて	～にもとづいて	based on ...
物事	ものごと	matter; thing
じっくり考える	じっくりかんがえる	think (the matter) over
(考える力が)育つ	(かんがえるちからが)そだつ	(thinking ability) develop
さらに		moreover
(就活)自体	(しゅうかつ)じたい	(job hunting) itself
書店	しょてん	book store
インターネット		Internet
～に関する(情報)	～にかんする(じょうほう)	(information) about ...; (information) related to ...
簡単に	かんたんに	easily
(情報が)手に入る	(じょうほうが)てにはいる	obtain (information)
～さえあれば		if you have at least ...
行動する	こうどうする	act
～なくても済む	～なくてもすむ	be able to manage without doing ...
頼る	たよる	depend upon
(頼って)ばかりいる	(たよって)ばかりいる	be always (depending upon)
たとえ～ても		even if ...
採用試験	さいようしけん	employment test
社会に出る	しゃかいにでる	make a start in life

直面する	ちょくめんする	confront: encounter
課題	かだい	problem
困難	こんなん	difficulty
解決する	かいけつする	solve
(知識を)身に付ける	(ちしきを)みにつける	acquire (knowledge)
～をもとに		based on ...
(考える力を)鍛える	(かんがえるちからを)きたえる	train (one's thinking ability)
(社会人)として	(しゃかいじん)として	as (a working adult)
デビューする		make one's debut
しっかりした(自分)	しっかりした(じぶん)	sound and solid (self)
(自分を)つくる	(じぶんを)つくる	build up (oneself)

■資料

自己紹介	じこしょうかい	self-introduction
長所	ちょうしょ	one's strong point
学生時代	がくせいじだい	one's school days
学ぶ	まなぶ	learn
成功体験	せいこうたいけん	success experience
失敗体験	しっぱいたいけん	failure experience
困難な	こんなんな	difficult
(困難を)乗り越える	(こんなんを)のりこえる	overcome (difficulty)
当社	とうしゃ	our company
志望動機	しぼうどうき	the reasons for one's application
(能力を)生かす	(のうりょくを)いかす	make the best use of (one's competence)

■内容確認のための質問

| 順番に(並べる) | じゅんばんに(ならべる) | (arrange things) in order |

■話し合ってみよう

| (夢を)実現する | (ゆめを)じつげんする | realize (one's dream) |

第2課　トピック2
留学生の先輩に聞く「日本の職場」

■タイトル

職場	しょくば	workplace

■考えてみよう

～に対して	～にたいして	about ...; toward ...
イメージ		image
専攻	せんこう	one's major
アルバイト		part-time job
(仕事に)役立つ	(しごとに)やくだつ	be useful (for one's career)

■場面

教師	きょうし	teacher
同窓会	どうそうかい	alumni
元(学生)	もと(がくせい)	former (student)
現在の(仕事)	げんざいの(しごと)	present (job)
様子	ようす	how things are going on

■聴解に必要なことば

修士課程	しゅうしかてい	master's course
博士課程	はかせかてい	doctoral course
(博士課程を)修了する	(はかせかていを)しゅうりょうする	complete (a doctoral program)
化粧品会社	けしょうひんがいしゃ	cosmetic firm
IT関係	アイティーかんけい	related to IT business
企業	きぎょう	company
システム開発部	システムかいはつぶ	system development department
国際営業部	こくさいえいぎょうぶ	international sales department
雰囲気	ふんいき	atmosphere
社員	しゃいん	employee
同僚	どうりょう	colleague
上司	じょうし	boss
部下	ぶか	subordinate
上下関係	じょうげかんけい	relationship between superiors and subordinates
チーム		(project) team
チームリーダー		team leader

プロジェクト		project
企画	きかく	plan
（企画を）立ち上げる	（きかくを）たちあげる	start (a plan)
子会社	こがいしゃ	subsidiary company
ニーズ		needs
調査する	ちょうさする	research
学生時代	がくせいじだい	one's school days
（日本人との）つき合い方	（にほんじんとの）つきあいかた	how to get along with (Japanese people)
途上国	とじょうこく	developing country
NPO活動	エヌピーオーかつどう	NPO (nonprofit organization) activity
予算	よさん	budget

■ 聞いてみよう

部署	ぶしょ	one's post
目標	もくひょう	goal
学ぶ	まなぶ	learn
情報	じょうほう	information
（情報を）整理する	（じょうほうを）せいりする	organize (information)
コンピュータサイエンス		computer science
専攻する	せんこうする	be majored in ...
アイデア		idea
（アイデアが）浮かぶ	（アイデアが）うかぶ	come up with (an idea)
〜に関係なく	〜にかんけいなく	regardless of ...
提案する	ていあんする	propose
お互い	おたがい	each other; one another
人間関係	にんげんかんけい	human relations
経営学	けいえいがく	business administration
（5年）経つ	（5ねん）たつ	(5 years) pass by; after (5 years)
（会社を）辞める	（かいしゃを）やめる	quit (one's job)
現地の	げんちの	local
戦略	せんりゃく	strategy

■スクリプト

「久しぶり。」	「ひさしぶり。」	"It's been a long time."
「ご無沙汰しておりました。」	「ごぶさたしておりました。」	"It's been a while since we last met."
「お変わりありませんね。」	「おかわりありませんね。」	"You seem to be getting along all right."
ふふふ		sound of gentle laughter
(10年)ぶり	(10ねん)ぶり	(10 years) since (we last met)
(二人)とも	(ふたり)とも	(both) of you
(会社に)就職する	(かいしゃに)しゅうしょくする	get a position (with a company)
ばりばり(働く)	ばりばり(はたらく)	(work) energetically
へえ		really? <interjection>
工学部	こうがくぶ	faculty of engineering
システム開発	システムかいはつ	system development
インターネット・サービス		Internet Service
(専門を)生かす	(せんもんを)いかす	make the most of (one's specialty)
結構(やわらかい)	けっこう(やわらかい)	quite (soft)
やわらかい		soft; flexible
言語	げんご	language
(仕事の)やり方	(しごとの)やりかた	way (of working)
相手	あいて	partner
(相手に)合わせる	(あいてに)あわせる	accommodate (each other)
考え方	かんがえかた	point of view; way of thinking
最先端の(仕事)	さいせんたんの(しごと)	(work in the) leading field
常に	つねに	always
〜を中心に	〜をちゅうしんに	mainly ...
勉強会	べんきょうかい	study meeting
講師	こうし	lecturer
(講師を)招く	(こうしを)まねく	call in (a lecturer)
研修会	けんしゅうかい	workshop
吸収する	きゅうしゅうする	absorb
期待する	きたいする	count on; look forward to; expect
どんな感じ	どんなかんじ	what kind of impression
(同僚と)うまくやる	(どうりょうと)うまくやる	get along well (with one's colleagues)
入りたて(の頃)	はいりたて(のころ)	(when one has) just been hired
悩む	なやむ	be distressed
居酒屋	いざかや	bar
自然に	しぜんに	naturally
〜に所属する	〜にしょぞくする	belong to ...
海外	かいがい	overseas
担当する	たんとうする	take charge of ...
かなり(かたい)		quite (solid)

かたい		solid; inflexible
(上司に)気をつかう	(じょうしに)きをつかう	be concerned (with one's boss)
重要な(仕事)	じゅうような(しごと)	important (role)
(仕事を)任せる	(しごとを)まかせる	entrust (a job)
(言いたいことを)読み取る	(いいたいことを)よみとる	understand, guess (what one wants to say)
正直	しょうじき	honestly speaking
実は	じつは	in fact; as a matter of fact
そういう(仕事)	そういう(しごと)	that kind of (work)
～に興味を持つ	～にきょうみをもつ	get interested in ...
英会話学校	えいかいわがっこう	English conversation school
感動する	かんどうする	be moved
影響(を受ける)	えいきょう(をうける)	be influenced
ある国	あるくに	certain country
現状	げんじょう	current situation
知識	ちしき	knowledge
活躍する	かつやくする	make a spectacular showing
(10年)後に	(10ねん)ごに	after (10 years)

第3課　トピック1
商店街でみんな元気に

■タイトル

地域	ちいき	local area; region
〜と共に	〜とともに	together with ...
生きる	いきる	live
商店街	しょうてんがい	shopping area

■予習シート

駅前	えきまえ	in front of a station
食料品	しょくりょうひん	foodstuffs
日用品	にちようひん	daily necessaries
大売り出し	おおうりだし	bargain sale
お祭り	おまつり	festival
活性化	かっせいか	activation
(活性化に)役立つ	(かっせいかに)やくだつ	be helpful for (activation)
衰退する	すいたいする	decline
人々	ひとびと	people
郊外	こうがい	suburb
岩村田商店街	いわむらだしょうてんがい	name of a shopping street
本町おかず市場	ほんちょうおかずいちば	name of a side dish store
地元	じもと	local area
(地元の人々の)ニーズ	(じもとのひとびとの)ニーズ	needs (of the local people)
(ニーズに)合わせる	(ニーズに)あわせる	meet (the needs)
手作りの(おかず)	てづくりの(おかず)	homemade (side dish)
おかず		side dish
商店街再生	しょうてんがいさいせい	revitalization of a shopping area
(良い)モデル	(よい)モデル	(good) model
魅力	みりょく	attraction; fascination
コンビニ		convenience store

■読解に必要なことば

人通り(が多い)	ひとどおり(がおおい)	(a lot of) coming and going
活気{がある／にあふれる}	かっき{がある／にあふれる}	be lively; be full of life
郊外型の	こうがいがたの	suburban
大型スーパー	おおがたスーパー	large supermarket
後継者	こうけいしゃ	successor

高齢化	こうれいか	ag(e)ing
シャッターが下りる	シャッターがおりる	shutter is pulled down
空き店舗	あきてんぽ	vacant shop
高度成長期	こうどせいちょうき	period of high economic growth
(商店街の)再生	(しょうてんがいの)さいせい	revitalization (of a shopping area)
ニーズに応える	ニーズにこたえる	meet the needs
子育て	こそだて	raising a child
施設	しせつ	facilities

■読んでみよう

生きのいい	いきのいい	fresh
アジ		horse mackerel; a kind of fish
店先	みせさき	storefront
やりとり		conversation; communication
風景	ふうけい	scene
住人	じゅうにん	resident
団地	だんち	housing complex
何軒もの(商店)	なんげんもの(しょうてん)	many (shops)
商店	しょうてん	shop
飲食店	いんしょくてん	restaurant; eating place
地区	ちく	district
酒屋	さかや	liquor shop
〜や〜といった〜		... such as ... and ...
〜から〜まで		ranging from ... to ...
衣料品店	いりょうひんてん	clothing shop
様々な(店)	さまざまな(みせ)	various (shops)
日常生活	にちじょうせいかつ	daily life
一通り(そろう)	ひととおり(そろう)	(be complete) more or less
そろう		be complete; be available
一口に〜と言っても	ひとくちに〜といっても	although you call them all in one word
姿	すがた	shape; looks
実に	じつに	truly; indeed
多様な	たような	diverse
浅草	あさくさ	name of a downtown in Tokyo
仲見世商店街	なかみせしょうてんがい	name of a shopping area in Asakusa, Tokyo
〜に代表される	〜にだいひょうされる	typified in ...
江戸時代	えどじだい	Edo period
にぎわう		be lively; be crowded
門前商店街	もんぜんしょうてんがい	shopping area nearby a temple

〜もあれば〜もある		there are ... as well as ...
上野	うえの	name of a downtown in Tokyo
アメ横商店街	アメよこしょうてんがい	name of a shopping area in Ueno
終戦直後	しゅうせんちょくご	right after the end of the war
闇市	やみいち	black-market stall
発展する	はってんする	develop
中野サンモール	なかのサンモール	name of a shopping area in Nakano, Tokyo
鉄道	てつどう	railway
発達	はったつ	development
〜とともに		along with ...
栄える	さかえる	prosper; flourish
駅前商店街	えきまえしょうてんがい	shopping area nearby a station
〜に共通する	〜にきょうつうする	be common to ...
(地元)に根づく	(じもと)にねづく	be rooted in (the local area)
生活基盤	せいかつきばん	life base
経済基盤	けいざいきばん	economic base
(生活を)支える	(せいかつを)ささえる	support (one's life)
一斉大売り出し	いっせいおおうりだし	bargain sale of a whole shopping area
イベント		event
(活性化に)貢献する	(かっせいかに)こうけんする	contribute to (activation)
全ての	すべての	all
〜わけではない		it is not that ...
実際	じっさい	actually
1980年代以降	1980ねんだいいこう	after 1980's
全国各地	ぜんこくかくち	all areas of the country
急速に	きゅうそくに	rapidly
背景	はいけい	background
急増	きゅうぞう	rapid increase
さらに		moreover
家族経営	かぞくけいえい	family business
店主	てんしゅ	shop owner
(店を)閉じる	(みせを)とじる	close (a shop)
その結果	そのけっか	as a result
〜たまま		be left unchanged; stay as it is
いわゆる〜		so-called ...
シャッター通り	シャッターどおり	shuttered shopping street
地方都市	ちほうとし	provincial city
深刻な(問題)	しんこくな(もんだい)	serious (problem)
長野県佐久市	ながのけんさくし	name of a city in Nagano pref.
例外	れいがい	exception

約(10万)	やく(10まん)	approximately (hundred thousand)
(50)店舗	(50)てんぽ	(50) shops
(50店舗)ほど	(50てんぽ)ほど	about (50 shops)
〜から離れた(場所)	〜からはなれた(ばしょ)	(place) apart from ...
すっかり		completely
(空き店舗が)目立つ	(あきてんぽが)めだつ	(vacant shops) are conspicuous
そんな中	そんななか	in such situations
(再生に)立ち上がる	(さいせいに)たちあがる	rise up (for revitalization)
コミュニティ		community
(再生を)進める	(さいせいを)すすめる	carry out (revitalization)
食材	しょくざい	food material; ingredients
お年寄り	おとしより	elderly people; aged people
子育て中	こそだてちゅう	in the middle of raising a child
母親	ははおや	mother
一人暮らし	ひとりぐらし	living by oneself
家庭の味	かていのあじ	taste of home cooking
健康	けんこう	health
おかず選び	おかずえらび	choosing side dish
アドバイスをする		give advice
サークル活動	サークルかつどう	circle activity
情報交換	じょうほうこうかん	exchange of information
活発に	かっぱつに	actively
交流する	こうりゅうする	interact
場	ば	place
(場を)提供する	(ばを)ていきょうする	offer (a place)
決して〜ない	けっして〜ない	never; not at all
買い物客	かいものきゃく	shopper
込み合う	こみあう	be crowded
暮らし	くらし	life
しっかりと(支える)	しっかりと(ささえる)	(support) solidly
全国的に	ぜんこくてきに	all over the country
注目されている	ちゅうもくされている	receive attention
たしかに		surely
(生活に)欠かせない	(せいかつに)かかせない	indispensable (for one's life)
ちょっとした世間話	ちょっとしたせけんばなし	small talk
調理法	ちょうりほう	way of cooking; recipe
気軽に	きがるに	without hesitation
独特の	どくとくの	unique; it's own
(人と人との)つながり	(ひととひととの)つながり	connection (between people)

■資料

味噌屋	みそや	miso shop
店内	てんない	inside a shop
子育てお助け村	こそだておたすけむら	name of a facility for supporting mothers

■内容確認のための質問

筆者	ひっしゃ	the writer

■話し合ってみよう

自国	じこく	one's own country
特徴	とくちょう	characteristics
紹介し合う	しょうかいしあう	introduce ... each other
違い	ちがい	difference
人気{が／の}ある	にんき{が／の}ある	be popular

第3課　トピック2
豆腐で地域を元気にしたい

■タイトル

豆腐	とうふ	tofu (soybean curd)
地域	ちいき	local community
(地域を)元気にする	(ちいきを)げんきにする	revitalize (the local community)

■考えてみよう

老舗	しにせ	old establishment

■場面

ゼミ		seminar
企業	きぎょう	company
関わり	かかわり	relation
調査する	ちょうさする	research
おとうふ工房いしかわ	おとうふこうぼういしかわ	Otofu Factory Ishikawa
(四)代目	(よん)だいめ	(fourth) generation
社長	しゃちょう	company president
～氏	～し	Mr./Ms. ...
インタビューする		interview
明治時代	めいじじだい	Meiji period
創業する	そうぎょうする	establish (a company)
現在(は)	げんざい(は)	at present
大豆	だいず	soybean
食品	しょくひん	food
幅広く	はばひろく	widely
愛知県	あいちけん	Aichi pref.
食品工学	しょくひんこうがく	food engineering
学ぶ	まなぶ	study
大手豆腐メーカー	おおてとうふメーカー	major tofu manufacturer
(会社に)就職	(かいしゃに)しゅうしょく	obtain a job (at a company)
(5年)後	(5ねん)ご	after (5 years)
家業	かぎょう	family business
(家業を)継ぐ	(かぎょうを)つぐ	take over (family business)
(会社を)設立	(かいしゃを)せつりつ	establish (a company)
豆腐屋	とうふや	tofu shop; tofu retailer

成長させる	せいちょうさせる	grow
〜一方で	〜いっぽうで	at the same time as ...
高浜市	たかはまし	Takahama city
観光協会会長	かんこうきょうかいかいちょう	chairman of tourist association
子ども食育推進協議会会長	こどもしょくいくすいしんきょうぎかいかいちょう	chairman of the council of Children's Food and Nutrition Education Promotion
(会長を)務める	(かいちょうを)つとめる	serve as (chairman)
地域(の)活動	ちいき(の)かつどう	community activities
力を入れる	ちからをいれる	put effort into
発芽	はつが	sprouting
開花	かいか	flowering
枝豆	えだまめ	green soybeans
収穫	しゅうかく	harvesting
様子	ようす	appearance

■ 聴解に必要なことば

豆腐作り	とうふづくり	tofu making
(地域と)関わる	(ちいきと)かかわる	be involved with the community
(地域との)関わり	(ちいきとの)かかわり	involvement with the community
明治創業	めいじそうぎょう	be established in Meiji Period
商売	しょうばい	business
高度成長期	こうどせいちょうき	period of high economic growth
消費量	しょうひりょう	consumption
ツケで買う	ツケでかう	buy on credit
価値観が変わる	かちかんがかわる	one's values change
笑顔	えがお	smile
ボランティア活動	ボランティアかつどう	volunteer activities
(地域に)お返しをする	(ちいきに)おかえしをする	give back (to the community)
塀	へい	wall
(地域に)溶け込む	(ちいきに)とけこむ	fit in (to the community)

■ 聞いてみよう

現社長	げんしゃちょう	the present president
客	きゃく	customers
きっかけ		motive to start
発展	はってん	development
社員	しゃいん	employee
だいずきっず倶楽部	だいずきっずくらぶ	Daizu Kid's Club
NPO法人	エヌピーオーほうじん	NPO corporation

(活動が)広がる	(かつどうが)ひろがる	(activities) expand
成長する	せいちょうする	grow; expand; develop
(食べ物)を通して	(たべもの)をとおして	through (food)

■資料

種まき	たねまき	seeding

■スクリプト

「今日は、お忙しいところ、お時間をいただき、ありがとうございます。」	「きょうは、おいそがしいところ、おじかんをいただき、ありがとうございます。」	"Thank you for sparing your time, today."
「お話をうかがえたらと思います。」	「おはなしをうかがえたらとおもいます。」	"I would appreciate it if you could share your stories."
うち		my family
農業	のうぎょう	farming; agriculture
農村	のうそん	farm village
1軒	いっけん	one shop
お正月	おしょうがつ	the New Year
お祭り	おまつり	festival
そうそう		oh, yes <interjection>
そういうときに		that's when
お客さん	おきゃくさん	customers
そんな感じ	そんなかんじ	like that
結構(多い)	けっこう(おおい)	quite (a few)
ずいぶん(忙しい)	ずいぶん(いそがしい)	fairly (busy)
店番	みせばん	store tender
畑仕事	はたけしごと	crop work; farming
それでも		even so; and yet
あとで		later
ちゃんと(払う)	ちゃんと(はらう)	be sure to (pay)
信頼し合う	しんらいしあう	trust each other
豆腐教室	とうふきょうしつ	tofu making class
(私)にとっては	(わたし)にとっては	for (me)
当たり前のように	あたりまえのように	as a matter of course
目をキラキラさせて	めをキラキラさせて	with one's eyes shining
単に〜だけじゃない	たんに〜だけじゃない	not just ...
(人を)笑顔にする	(ひとを)えがおにする	make (people) happy
この思い	このおもい	this feeling

感じる	かんじる	feel
こういう(地域活動)	こういう(ちいきかつどう)	these kinds of (community activities)
ビデオ		video
市内	しない	in the city
(教育に)取り入れる	(きょういくに)とりいれる	take in (as a part of education)
〜をテーマにした(活動)	〜をテーマにした(かつどう)	(activity) based on the theme ...
種をまく	たねをまく	plant seeds
実際に	じっさいに	actually
(農業を)体験する	(のうぎょうを)たいけんする	experience (farming)
参加する	さんかする	participate
生き生きと	いきいきと	lively
地域貢献	ちいきこうけん	contribution to local communities
(地域の人たちに)支えられて	(ちいきのひとたちに)ささえられて	supported by (people in the community)

第4課　トピック1
里山（さとやま）　―自然と人間が共生する場所―

■タイトル

自然	しぜん	nature
(自然との)共生	(しぜんとの)きょうせい	coexistence (with the nature)
里山	さとやま	*Satoyama*; woodland coexisting with a nearby village area
人間	にんげん	human being
共生する	きょうせいする	coexist; live together

■考えてみよう

風景	ふうけい	scene; scenery

■予習シート

原生の(状態)	げんせいの(じょうたい)	primeval (condition)
状態	じょうたい	condition
守る	まもる	protect
生活用具	せいかつようぐ	everyday tools; utensils
材料	ざいりょう	material
多様な	たような	diverse
動植物	どうしょくぶつ	animals and plants
命	いのち	life
(命の)循環	(いのちの)じゅんかん	circle (of life)
1960年代以降	1960ねんだいいこう	since the 1960's
農村	のうそん	farm village
以前	いぜん	before; former
人の手	ひとのて	human hand
生態系	せいたいけい	ecosystem
近年	きんねん	recent years
環境	かんきょう	environment
取り戻す	とりもどす	regain; get back ...
動き	うごき	movement; action
手入れ	ていれ	care; keeping in good condition

■読解に必要なことば

都市	とし	city; urban area
(自然との)関わり	(しぜんとの)かかわり	relation (with the nature)
雑木林	ぞうきばやし	thicket; thickly wooded area
落ち葉	おちば	fallen leaves
肥料	ひりょう	fertilizer
燃料	ねんりょう	fuel
えさ		animal food
生き返らせる	いきかえらせる	revive
生き返る	いきかえる	be revived; come back to life
再生	さいせい	restoration
(再生に)取り組む	(さいせいに)とりくむ	cope with (the problem of restoration)

■読んでみよう

山菜	さんさい	edible wild plants
キノコ		mushroom
(キノコを)採る	(キノコを)とる	pick (mushrooms)
カブトムシ		rhinoceros beetle; a kind of insect
クワガタ		stag beetle; a kind of insect
昆虫	こんちゅう	insect
(昆虫に)出会う	(こんちゅうに)であう	come across (insects)
魚釣り	さかなつり	fishing
いずれも		both = どちらも
(人間)にとって	(にんげん)にとって	for (human beings)
関わりの深い	かかわりのふかい	with a close relationship
こうした(自然)	こうした(しぜん)	this kind of (nature)
人里	ひとざと	village: human habitation
山地	さんち	mountain area
森林	しんりん	forest
つくり上げる	つくりあげる	build up
生き物(たち)	いきもの(たち)	living creature(s)
関わり合う	かかわりあう	interact with each other
～(する)ことで		by (doing …)
特有の	とくゆうの	distinct
風土	ふうど	climate
もともとの(状態)	もともとの(じょうたい)	original (state)
維持する	いじする	maintain; preserve
(維持し)続ける	(いじし)つづける	keep (maintaining)
～と異なる	～とことなる	be different from …

長い間にわたって	ながいあいだにわたって	over a long time
密接な(関係)	みっせつな(かんけい)	close relationship
(関係を)保つ	(かんけいを)たもつ	keep (relationship)
(人の手)によって	(ひとのて)によって	by (human hand)
一昔前	ひとむかしまえ	in the past; long ago
人々	ひとびと	people
田畑	たはた	rice fields and vegetable fields
(田畑を)耕す	(たはたを)たがやす	cultivate (fields)
(木を)伐る	(きを)きる	cut down (a tree)
〜だけでなく〜も		not only …, but also …
薪	まき	firewood
炭	すみ	charcoal
実	み	nut; fruit
畑	はたけ	field; vegetable patch
家畜	かちく	domestic animals; livestock
ササ		bamboo grass
ススキ		a kind of grass
繁茂する	はんもする	grow thick
植物	しょくぶつ	plant
(植物を)刈り取る	(しょくぶつを)かりとる	cut down (grass plants)
〜といった(手入れ)	〜といった(ていれ)	(care) such as …
(生活を)支える	(せいかつを)ささえる	support (one's life)
〜一方で	〜いっぽうで	while … ing; on the other hand
多くの(動植物)	おおくの(どうしょくぶつ)	a number of (animals and plants)
関東	かんとう	Kanto Region
日光	にっこう	sunlight
草花	くさばな	flowering plant
(草花が)育つ	(くさばなが)そだつ	(flowering plants) grow
ハチ		bee
チョウ		butterfly
カエル		frog
ヘビ		snake
イタチ		weasel; a kind of animal
フクロウ		owl
ワシ		eagle
こうして		in this way
石油	せきゆ	oil; petroleum
ガス		gas
電気	でんき	electricity
トラクター		tractor

堆肥	たいひ	compost; organic fertilizer
化学肥料	かがくひりょう	chemical fertilizer
(牛がトラクターに)取って代られる	(うしがトラクターに)とってかわられる	(cows) are replaced by (tractors)
不要になる	ふようになる	become useless
放置される	ほうちされる	be abandoned
あっという間に	あっというまに	in an instant
荒れ地	あれち	wasteland
(枝を)伸ばす	(えだを)のばす	grow (branches)
(日光を)さえぎる	(にっこうを)さえぎる	block (sunshine)
地面	じめん	the ground
(落ち葉が)積もる	(おちばが)つもる	(fallen leaves) accumulate; pile up
(日光が)届く	(にっこうが)とどく	(sunshine) reach
その結果	そのけっか	as a result
(命の循環が)断ち切られる	(いのちのじゅんかんが)たちきられる	(circle of life) is severed
生命力	せいめいりょく	vital energy
(生命力を)失う	(せいめいりょくを)うしなう	lose (vital energy)
可能な	かのうな	possible
日本各地で	にほんかくちで	all over Japan
(動きが)広がる	(うごきが)ひろがる	(movement) spread(s)
丘陵地	きゅうりょうち	hilly area
NPO	エヌピーオー	NPO (nonprofit organization)
主体となって	しゅたいとなって	as a core member
小川	おがわ	creek
水辺	みずべ	the waterside
保護	ほご	protection
里山ツアー	さとやまツアー	*Satoyama* tour
農業体験	のうぎょうたいけん	hands-on agricultural experience
企画	きかく	plan
(企画)を通して	(きかく)をとおして	through (a plan)
〜に呼びかける	〜によびかける	appeal to ...
努力	どりょく	effort
(努力)のおかげで	(どりょく)のおかげで	as a result of (one's effort)
徐々に	じょじょに	gradually
希少植物	きしょうしょくぶつ	rare plants
芽を出す	めをだす	sprout
ホタル		firefly
豊かな(生態系)	ゆたかな(せいたいけい)	rich (ecology)
憩いの場	いこいのば	place of relaxation

見事に	みごとに	wonderfully
都市化	としか	urbanization
現代	げんだい	the present (day)
(現代)において	(げんだい)において	in these times; at the present
不可能に近い	ふかのうにちかい	be almost impossible
きちんと(関わる)	きちんと(かかわる)	(be engaged in ...) properly
忘れてはならない	わすれてはならない	you should not forget
共生の場	きょうせいのば	place for coexistence

■資料

野鳥	やちょう	wild bird
ボランティア		volunteer
(ボランティア)による		by (volunteers)
農作業	のうさぎょう	farm work

■内容確認のための質問

違い	ちがい	difference
活動	かつどう	activity; action

■話し合ってみよう

図	ず	image
(例を)参考にして	(れいを)さんこうにして	withe reference (to the exmple)
対立	たいりつ	opposition

第4課 トピック2
自然と共生する町 ―松代―

■タイトル

自然	しぜん	nature
(自然と)共生する	(しぜんと)きょうせいする	coexist (with the nature)
松代	まつしろ	Matsushiro town; name of a town in Nagano pref.

■考えてみよう

泉	いずみ	spring
城	しろ	castle
様子	ようす	appearance

■場面

ゼミ		seminar
～というテーマで		(speak) on the theme ...
城下町	じょうかまち	castle town
発表する	はっぴょうする	make a presentation

■聴解に必要なことば

(水が)豊かな	(みずが)ゆたかな	rich in (water)
(山に)囲まれる	(やまに)かこまれる	be surrounded (by mountains)
雨水	あまみず	rainwater
(雨水が)しみ込む	(あまみずが)しみこむ	(rainwater) soak into the soil
地下水	ちかすい	underground water
山のふもと	やまのふもと	the foot of a mountain
(泉が)わき出る	(いずみが)わきでる	spring out
水路	すいろ	canal
利用する	りようする	use
江戸時代	えどじだい	Edo era
武士	ぶし	Samurai
浄水装置	じょうすいそうち	water filtration device
菜園	さいえん	vegetable garden
子孫	しそん	descendant
(子孫に)受け継がれる	(しそんに)うけつがれる	be inherited by descendants
水文化	みずぶんか	culture deeply related to water
貴重な(文化)	きちょうな(ぶんか)	precious (culture)

上水道	じょうすいどう	waterworks
水源	すいげん	the source of (waterworks)
水をくむ	みずをくむ	draw water using one's hands or a vessel
（気持ちの）表れ	（きもちの）あらわれ	emergence (of one's feeling)

■聞いてみよう

現在	げんざい	the present time
利用法	りようほう	way of using; use
泉水路	せんすいろ	*Sensuiro*; the garden water system
セギ		*Segi*; the irrigation canal
地質	ちしつ	nature of the soil
（水を）取り込む	（みずを）とりこむ	draw (water)
つなぐ		connect
（水を）流す	（みずを）ながす	let (water) flow
飲み水	のみみず	drinking water
人々	ひとびと	people
思い	おもい	feeling
守る	まもる	protect; preserve
努力（をする）	どりょく（をする）	(make an) effort

■話し合ってみよう

工夫	くふう	good idea; invention
特徴	とくちょう	characteristics

■スクリプト

長野県	ながのけん	Nagano prefecture
長野市	ながのし	Nagano city
～だなあって感じる	～だなあってかんじる	feel that ...
栄える	さかえる	prosper; thrive
一般的な	いっぱんてきな	common; ordinary
こんなふうに		like this
食器	しょっき	dishes; tableware
（水が）流れる	（みずが）ながれる	(water) flow
（池に）つながる	（いけに）つながる	be connected to (a pond)
ちゃんと		properly
汚れた（水）	よごれた（みず）	dirty (water)
環境にやさしい	かんきょうにやさしい	environmentally friendly
農業	のうぎょう	agriculture

その当時	そのとうじ	in those days
そうした(農業)	そうした(のうぎょう)	that kind of (agriculture)
こうした(文化)	こうした(ぶんか)	this kind of (culture)
(松代)特有の	(まつしろ)とくゆうの	peculiar to (Matsushiro)
住民	じゅうみん	inhabitants; residents
証拠	しょうこ	evidence
(貴重な文化)として	(きちょうなぶんか)として	as (precious culture)
活動する	かつどうする	act; be active
質がいい	しつがいい	good quality
ペットボトル		pet bottle
タンク		tank
先ほど	さきほど	a moment ago
〜からこそ		only because that ...

第5課　トピック1
1杯(いっぱい)のコーヒーから世界を考える

■タイトル

食	しょく	food

■考えてみよう

何杯	なんばい	how many cups
生産地	せいさんち	producing area
商品	しょうひん	product
NPO法人	エヌピーオーほうじん	NPO corporation

■予習シート

全世界	ぜんせかい	all over the world
約(20億人)	やく(20おくにん)	approximately (2 billions of people)
価格	かかく	price
1割	いちわり	10 percent
生産者	せいさんしゃ	producer; farmer
収入	しゅうにゅう	income
市場価格	しじょうかかく	commodity market price
苦しい	くるしい	painful; difficult
不平等な(貿易)	ふびょうどうな(ぼうえき)	unfair (trade)
公正な(貿易)	こうせいな(ぼうえき)	fair (trade)
取り組み	とりくみ	measure
最低価格	さいていかかく	(Fairtrade) Minimum Price
保証する	ほしょうする	guarantee
奨励金	しょうれいきん	premium
有機栽培	ゆうきさいばい	organic
国際フェアトレード基準	こくさいフェアトレードきじゅん	FLO Standards
(基準を)満たす	(きじゅんを)みたす	satisfy (the standards)
認証ラベル	にんしょうラベル	the Fairtrade Label
選挙	せんきょ	election
実現	じつげん	realization
役立つ	やくだつ	be helpful

■読解に必要なことば

コーヒー産業	コーヒーさんぎょう	coffee industry
輸入業者	ゆにゅうぎょうしゃ	importer
小売店	こうりてん	retailer
消費者	しょうひしゃ	consumer
国際市場	こくさいしじょう	international commodity market
多国籍企業	たこくせききぎょう	multinational corporation
利益	りえき	profit
(不平等な)関係	(ふびょうどうな)かんけい	(unfair) relationships
貧困	ひんこん	poverty
コーヒー危機	コーヒーきき	the Coffee Crisis
フェアトレード		Fair Trade
支払う	しはらう	pay
生産者組合	せいさんしゃくみあい	producer organization
環境	かんきょう	environment

■読んでみよう

国民1人当たり(1.5杯)	こくみんひとりあたり(1.5はい)	(1.5 cups) per capita
(人を)いやす	(ひとを)いやす	heal (people); comfort (people)
(人を)元気づける	(ひとを)げんきづける	cheer up (people)
裏側	うらがわ	the other side; the dark side
ほろ苦い	ほろにがい	bitter
真実	しんじつ	truth
一次産品	いちじさんぴん	primary commodity
石油	せきゆ	oil; petroleum
(石油に)次ぐ	(せきゆに)つぐ	following (oil); second after (oil)
第2位	だいにい	the second (largest)
国際商品	こくさいしょうひん	international commodity
年間売上高	ねんかんうりあげだか	annual sales
800億ドル	800おくドル	80 billion dollars
(800億ドルに)上る	(800おくドルに)のぼる	reach (80 billion dollars)
その一方で	そのいっぽうで	on the other hand
コーヒー豆	コーヒーまめ	coffee bean
(生産者の)多く	(せいさんしゃの)おおく	many of (the producers)
(貧困に)苦しむ	(ひんこんに)くるしむ	suffer (from poverty)
コーヒーショップ		coffee shop
～とすると		supposing that ...
9割	きゅうわり	90 percent
受け取る	うけとる	receive

たった(1〜3%)だけ		only (1-3%)
莫大な(利益)	ばくだいな(りえき)	vast (profit)
生産農家	せいさんのうか	farmer
(〜と遠く)離れた	(〜ととおく)はなれた	(long distance) away from ...
ニューヨーク		New York
不安定な(価格)	ふあんていな(かかく)	unstable (price)
変動が激しい	へんどうがはげしい	fluctuate violently
1990年代以降	1990ねんだいいこう	since the 1990's
生産量	せいさんりょう	production
世界的に	せかいてきに	all over the world
その上	そのうえ	in addition to that
巨大な	きょだいな	huge
コーヒーチェーン		coffee chain
(90年代)後半	(90ねんだい)こうはん	second half of (the 1990's)
過去最低	かこさいてい	the lowest in the past
いわゆる〜		so called ...
ブラジル		Brazil
ケニア		Kenya
大量の	たいりょうの	lots of
失業者	しつぎょうしゃ	unemployed person
(失業者を)出す	(しつぎょうしゃを)だす	cause (unemployment)
エチオピア		Ethiopia
ホンジュラス		Honduras
国々	くにぐに	countries
飢餓	きが	hunger; starvation; famine
(飢餓を)もたらす	(きがを)もたらす	bring (famine)
(利益を)得る	(りえきを)える	gain (profit)
多くの(子どもたち)	おおくの(こどもたち)	many (children)
栄養失調	えいようしっちょう	malnutrition
こうした(現実)	こうした(げんじつ)	(reality) like this
現実	げんじつ	reality
改善する	かいぜんする	improve
通常の(貿易)	つうじょうの(ぼうえき)	ordinary (trade)
より(公正な)	より(こうせいな)	more ...; better ...; (fairer)
しくみ		mechanism; system
小規模の	しょうきぼの	small-scale
対等な(関係)	たいとうな(かんけい)	equal (partnership)
長期的な	ちょうきてきな	long-term
取引	とりひき	trade; transaction
(生活が)安定する	(せいかつが)あんていする	(one's livelihood) becomes stable; stabilizes

(貧困から)抜け出す	(ひんこんから)ぬけだす	escape (from poverty)
自立する	じりつする	become independent
目指す	めざす	aim at
国際フェアトレードラベル機構	こくさいフェアトレードラベルきこう	Fairtrade Labelling Organizations International (FLO)
(基準を)定める	(きじゅんを)さだめる	set (a standard)
フェアトレード最低価格	フェアトレードさいていかかく	Fairtrade Minimum Price
どんなに〜ても		no matter how ...
アラビカコーヒー		Coffea arabica; Arabian coffee
〜ポンド		pound (lb.)
〜セント		cent (¢)
建設	けんせつ	construction
道路	どうろ	road
(道路の)整備	(どうろの)せいび	(road) maintenance
地域社会	ちいきしゃかい	local community
発展	はってん	development
話し合い	はなしあい	discussion
児童労働	じどうろうどう	child labor
禁止	きんし	prohibition
環境にやさしい	かんきょうにやさしい	environmentally-friendly
農業	のうぎょう	agriculture
社会的・環境的基準	しゃかいてき・かんきょうてききじゅん	social/environmental standards
それらの(基準)	それらの(きじゅん)	those (standards)
国際フェアトレード認証ラベル	こくさいフェアトレードにんしょうラベル	the Fairtrade Label
与える	あたえる	give
(2013年)現在	(2013ねん)げんざい	as of (2013)
(コーヒー)をはじめ、(チョコレート)や(バナナ)など		from (coffee) to (chocolate) and (bananas)
〜種類	〜しゅるい	... kinds
〜カ国	〜かこく	... countries
数	かず	number
販売量	はんばいりょう	sales amount
〜ともに		both (A and B)
年々(増え続ける)	ねんねん(ふえつづける)	(keep increasing) year by year
フェアトレード市場	フェアトレードしじょう	Fairtrade market
広がり	ひろがり	spread
〜に疑問を感じる	〜にぎもんをかんじる	have doubt in ...

解決	かいけつ	solution
環境保護	かんきょうほご	environmental protection
〜に関心を持つ	〜にかんしんをもつ	be interested in ...
〜を物語る	〜をものがたる	indicate ...
投票する	とうひょうする	cast one's vote
言い方	いいかた	expression
支持する	しじする	support
一人ひとり	ひとりひとり	each person
選択	せんたく	choice
〜が問われる	〜がとわれる	be called into question

■資料

配分	はいぶん	distribution
フェアトレード認証商品	フェアトレードにんしょうしょうひん	Fairtrade Label product

■内容確認のための質問

(生産者に)対して	(せいさんしゃに)たいして	for (farmers)
影響	えいきょう	influence
暴落	ぼうらく	slump; sudden fall

■話し合ってみよう

商品名	しょうひんめい	product name
販売者	はんばいしゃ	dealer
特徴	とくちょう	characteristics
〜を目的とする	〜をもくてきとする	aim at ...
給料	きゅうりょう	salary; wage
福祉	ふくし	welfare
パキスタン		Pakistan
低賃金	ていちんぎん	low wage

第5課　トピック2

フードマイレージ —「食」から環境を考える—

■タイトル

フードマイレージ		food miles; food mileage
食	しょく	food
環境	かんきょう	environment

■考えてみよう

| 地球 | ちきゅう | the earth |

■場面

セミナー		seminar
受講生	じゅこうせい	student
報告する	ほうこくする	report
大地を守る会	だいちをまもるかい	name of a company
職場	しょくば	workplace; office
(職場を)訪れる	(しょくばを)おとずれる	visit (one's workplace)
フードマイレージ・キャンペーン		food-mileage campaign
卒業生	そつぎょうせい	graduate

■解説

輸送距離	ゆそうきょり	distance of transportation
生産地	せいさんち	place of production
消費地	しょうひち	area of consumption
一般に	いっぱんに	in general; generally
トン・キロメートル		ton-kilometer
単位	たんい	unit
輸送過程	ゆそうかてい	transportation process
(CO_2を)排出する	(CO_2を)はいしゅつする	emit (CO_2)
CO_2	シーオーツー	carbon dioxide
量	りょう	amount
(環境への)負荷	(かんきょうへの)ふか	(environmental) load; impact
できるだけ		as much as possible
生産する	せいさんする	produce
基本的な	きほんてきな	basic

考え方	かんがえかた	way of thinking
ちなみに		in this connection; by the way
(2010年)現在	(2010ねん)げんざい	as of (2010)
世界一	せかいいち	largest in the world
有機野菜	ゆうきやさい	organic vegetables
無添加食品	むてんかしょくひん	additive-free foods
宅配サービス	たくはいサービス	home delivery service
〜を中心に	〜をちゅうしんに	mainly ...
体に良い	からだによい	good for your health
食材	しょくざい	foodstuffs; ingredients
販売	はんばい	sale
第一次産業	だいいちじさんぎょう	primary industry
守り育てる	まもりそだてる	protect and develop
長年	ながねん	for many years
取り組む	とりくむ	work on
(1975年)創業	(1975ねん)そうぎょう	established (in 1975)
社会的企業	しゃかいてききぎょう	social business
プロジェクト		project
(プロジェクトを)展開する	(プロジェクトを)てんかいする	develop (a project)

■ 聴解に必要なことば

独自の(やり方)	どくじの(やりかた)	it's own (way); unique (way)
取り組み	とりくみ	approach
(食べ物を)輸送する	(たべものを)ゆそうする	transport (food)
二酸化炭素	にさんかたんそ	carbon dioxide
CO_2排出量	シーオーツーはいしゅつりょう	CO_2 emission
旬	しゅん	in season
国産	こくさん	domestic products
外国産	がいこくさん	foreign products
原料	げんりょう	ingredients
小麦	こむぎ	wheat
食パン1斤	しょくパンいっきん	a loaf of bread
効果(がある)	こうか(がある)	(has an) effect
ドライアイス		dry ice
泡が出る	あわがでる	bubbles come out
温暖化	おんだんか	global warming
(温暖化を)防止する	(おんだんかを)ぼうしする	prevent (global warming)

■聞いてみよう

ポコ		poco
(考え方を)広める	(かんがえかたを)ひろめる	spread (one's ideas)
〜際の／〜際に	〜さいの／〜さいに	when
表す	あらわす	indicate
〜10個分	〜じっこぶん	the same volume as ten ...
その時期の	そのじきの	at the time
その差	そのさ	the difference
(CO₂を)減らす	(CO₂を)へらす	reduce (CO₂)

■資料

輸送手段	ゆそうしゅだん	modes of transportation
比較	ひかく	comparison
食品別	しょくひんべつ	according to food item

■話し合ってみよう

メリット		merit
デメリット		demerit

■スクリプト

具体的に	ぐたいてきに	specifically
「お話を伺えたらと思って。」	「おはなしをうかがえたらとおもって。」	"I was wondering if I could ask some questions."
ホームページ		website
解説する	かいせつする	give an explanation
ざっと(読む)	ざっと(よむ)	browse; (read) roughly
(CO₂を)出す	(CO₂を)だす	emit; release (CO₂)
(100グラムに)相当する	(100グラムに)そうとうする	be equal (to 100 grams)
サッカーボール		soccer ball
ゴミ袋	ゴミぶくろ	garbage bag
違い	ちがい	difference
〜を例に取って説明する	〜をれいにとってせつめいする	explain by using ... as an example
モンタナ州産	モンタナしゅうさん	made in Montana state
トラック		truck
1斤	いっきん	one loaf
(1斤)当たり	(いっきん)あたり	per (loaf)
少なくて済む	すくなくてすむ	will do with less
エアコン		air conditioner

温度	おんど	temperature
なんか		somehow; somewhat
親しみやすい	したしみやすい	familiar; friendly
実は	じつは	in fact; as a matter of fact
様子	ようす	appearance
〜からついた名前	〜からついたなまえ	named after ...
「ああ、たしかに。」		"Yeah, that's true."
願いを込める	ねがいをこめる	wish
「へえ、そうだったんですか。」		"Really, is that right?"
詳しく(解説する)	くわしく(かいせつする)	(describe) in detail
ニューズレター		newsletter
(雑誌で)取り上げる	(ざっしで)とりあげる	featured (in a magazine)
メディア		media
ついこの前	ついこのまえ	just the other day
都内	とない	in Tokyo
(食べ物と環境の)つながり	(たべものとかんきょうの)つながり	link (between food and environment)
理解する	りかいする	understand

第6課　トピック1
教室のお客様

■タイトル

お客様	おきゃくさま	guest

■考えてみよう

日常生活	にちじょうせいかつ	daily life
言語	げんご	language
学習	がくしゅう	learning; study
(外国で)暮らす	(がいこくで)くらす	live (in a foreign country)
(外国に)留学する	(がいこくに)りゅうがくする	study (abroad)

■予習シート

日常会話	にちじょうかいわ	daily conversation
教科の学習	きょうかのがくしゅう	study of school subjects
スムーズにいく		go smoothly
遊び	あそび	play
(日本語を)身につける	(にほんごを)みにつける	acquire (the Japnaese language)
語彙	ごい	vocabulary
母語	ぼご	one's mother tongue
不十分な	ふじゅうぶんな	insufficient
抽象的な思考力	ちゅうしょうてきなしこうりょく	abstract thinking ability
(思考力が)育つ	(しこうりょくが)そだつ	(thinking ability) grows
日本語指導	にほんごしどう	Japanese language assistance for non-native speakers
外国人児童生徒	がいこくじんじどうせいと	foreign pupils/students
対応のし方	たいおうのしかた	how to deal with; how to handle

■読解に必要なことば

保育園	ほいくえん	nursery school
転校する	てんこうする	change from one school to another
来日時	らいにちじ	when one came to Japan
入学時	にゅうがくじ	when one enters a school
学齢期	がくれいき	school age
言葉の壁	ことばのかべ	language barrier
言語習得	げんごしゅうとく	language acquisition

文字	もじ	letter; charactor
土台	どだい	foundation
問題を抱える	もんだいをかかえる	have a problem
対応する	たいおうする	deal with; handle
適切な支援	てきせつなしえん	appropriet suport
適応支援教室	てきおうしえんきょうしつ	initial adaptation training class
社会参加	しゃかいさんか	social participation

■読んでみよう

ある小学校	あるしょうがっこう	certain elementary school
各学年	かくがくねん	each grade
4年2組	よねんにくみ	the second class of the fourth grade; IV-2
ほほえむ		smile
大声を出す	おおごえをだす	speak loudly
担任	たんにん	homeroom teacher
ためいきをつく		sigh; heave a sigh
クラスメート		classmate
おしゃべり(を)する		have a chat
見送る	みおくる	see off (a person)
(友だちと)うまくやる	(ともだちと)うまくやる	get along well (with a friend)
職員室	しょくいんしつ	teachers' room
指導記録	しどうきろく	pupil/student records
ファイル		file
年齢	ねんれい	age
広東語	かんとんご	Cantonese
おとなしい(子)	おとなしい(こ)	quiet (child)
(授業の)じゃまをする	(じゅぎょうの)じゃまをする	disturb (class)
話しかける	はなしかける	talk to (a person)
にこにこする		smile
返事が返ってこない	へんじがかえってこない	have no response
(会話が)続かない	(かいわが)つづかない	(conversation) does not continue
ほぼ		almost ＝ ほとんど
白紙	はくし	blank paper
父親	ちちおや	one's father
(日本語が)堪能な	(にほんごが)たんのうな	fluent (in Japanese)
留守がちだ	るすがちだ	be frequently away from home
母親	ははおや	one's mother
片言程度	かたことていど	broken language
家庭訪問	かていほうもん	home visit (by a homeroom teacher)

(話が)弾まない	(はなしが)はずまない	(conversation) does not became lively
一人っ子	ひとりっこ	only child
日本生まれ	にほんうまれ	Japan-born
ペルー		Peru
再来日	さいらいにち	come to Japan again
(入学した)際	(にゅうがくした)さい	when (one entered a school)
ちっとも(～ない)		(not) at all
じっとしている		be still: sit still
算数	さんすう	arithmetic
大活躍する	だいかつやくする	make a very good performance
社会	しゃかい	social studies
集中力に欠ける	しゅうちゅうりょくにかける	lack concentration
図工	ずこう	drawing and crafts
様子	ようす	how one is doing
首をひねる	くびをひねる	be puzzled
笑顔	えがお	smile
私語	しご	private talk
原因	げんいん	reason; cause
何となく(感じる)	なんとなく(かんじる)	(feel) somehow; (feel) vaguely
外国にルーツのある子どもたち	がいこくにルーツのあるこどもたち	children of foreign origin
学ぶ	まなぶ	study
ケース		case
(自分の)意志	(じぶんの)いし	(one's own) will
～とは異なり	～とはことなり	different from ...
親の仕事の都合で	おやのしごとのつごうで	because of one's parent's job
直面する	ちょくめんする	confront
日本語の壁	にほんごのかべ	Japanese language barrier
(授業に)ついていけない	(じゅぎょうに)ついていけない	be not able to follow the class
日本語力	にほんごりょく	Japanese language ability
何もケアされずにくる	なにもケアされずにくる	has not been taken any special care of
一般的な	いっぱんてきな	general; ordinary
すでに		already
身の回り	みのまわり	one's surroundings
絵本	えほん	picture book
広告	こうこく	advertisement
(文字が)あふれている	(もじが)あふれている	(letters) are overflowing; be full of (letters)
情報獲得	じょうほうかくとく	information acquisition
(何となく)感じ取る	(なんとなく)かんじとる	sense
一方	いっぽう	on the other hand

家庭	かてい	home
圧倒的に	あっとうてきに	overwhelmingly
(文字に)触れる	(もじに)ふれる	come into contact with (letters)
機会	きかい	chance; opportunity
なかなか〜ない		be not easily ...
学習内容	がくしゅうないよう	learning content
積み上がる	つみあがる	be accumulated
話し言葉	はなしことば	spoken language
書き言葉	かきことば	written language
差	さ	difference
異なる	ことなる	differ; be different
最も	もっとも	the most
阻害される	そがいされる	be hinderd
発達	はったつ	development
しっかり(育つ)	しっかり(そだつ)	grow soundly
(思考力を)伸ばす	(しこうりょくを)のばす	develop (thinking ability)
〜は可能だ	〜はかのうだ	it is possible to ...
もし〜としたら		if ...; suppose ...
(日本語)であれ	(にほんご)であれ	egardless of whether it is (Japanese) or
(母語)であれ	(ぼご)であれ	(one's mother tongue)
学習活動	がくしゅうかつどう	learning activity
(学習活動に)参加する	(がくしゅうかつどうに)さんかする	participate (in learning activities)
表現する	ひょうげんする	express oneself
手段	しゅだん	way; means
沈黙する	ちんもくする	become silent; do not say anything
行動	こうどう	behavior
発散する	はっさんする	vent (one's frustration)
〜か〜かしかない		have no choice but to do ... or to do ...
状況	じょうきょう	situation
〜しまいがちだ		be inclined to do ...
もてなされる対象	もてなされるたいしょう	those who are given warm hospitality
正規の一員	せいきのいちいん	legitimate member
マイナスの意味	マイナスのいみ	negative meaning
義務教育	ぎむきょういく	compulsory education
(高校に)進学する	(こうこうに)しんがくする	go on (to a high school)
社会に出る	しゃかいにでる	make a start in life
不安定な立場	ふあんていなたちば	unstable position
文部科学省	もんぶかがくしょう	MEXT (the Ministry of Education, Culture, Sports, Science and Technology)

調査	ちょうさ	survey
公立学校	こうりつがっこう	public school
(公立学校に)在籍する	(こうりつがっこうに)ざいせきする	be enrolled (in a public school)
全国で	ぜんこくで	in the whole country; all over Japan
約〜	やく〜	about ...; approximately ...
〜という		it is said that ...
(経験の)蓄積	(けいけんの)ちくせき	accumulation (of experiences)
入学・転入時	にゅうがく・てんにゅうじ	at the time of entering or transferring to school
取り出し授業	とりだしじゅぎょう	sheltered class
ボランティア		volunteer
(ボランティア)による		by (volunteers)
親子支援教室	おやこしえんきょうしつ	support class for children and parents
放課後教室	ほうかごきょうしつ	after school class
独自の(支援)	どくじの(しえん)	one's own (support)
少なくない	すくなくない	not a few
(母語の)習得状況	(ぼごの)しゅうとくじょうきょう	condition of acquisition (of one's mother tongue)
学習経験の有無	がくしゅうけいけんのうむ	whether one has a (language) learning experience or not
(様々な)要因	(さまざまな)よういん	(various) factors
(様々な要因)によって決まる	(さまざまなよういん)によってきまる	be defined by (various factors)
年齢相応の	ねんれいそうおうの	appropriate for one's age
学習言語運用力	がくしゅうげんごうんようりょく	academic language proficiency
獲得する	かくとくする	obtain; acquire
同年齢	どうねんれい	same age
母語話者	ぼごわしゃ	native speaker
〜に追いつく	〜においつく	catch up with ...
さらに長い年月	さらにながいねんげつ	longer time
単に	たんに	simply
(学習を)困難にする	(がくしゅうを)こんなんにする	make (learning) difficult
〜に発展する	〜にはってんする	lead to ...
〜恐れがある	〜おそれがある	it is feared that ...
それだけに		all the more
(子どもたち)に対する(支援)	(こどもたち)にたいする(しえん)	(support) toward (children)
(支援の)充実	(しえんの)じゅうじつ	enrichment of (support)
急務だ	きゅうむだ	be urgent
一人ひとりの(子ども)	ひとりひとりの(こども)	each child
教育現場	きょういくげんば	educational site

判断	はんだん	judgement; decision
(対応が)求められる	(たいおうが)もとめられる	(response) is required

■内容確認のための質問

プロフィール	profile

第6課 トピック2
子どもたちに本を読む喜び(よろこび)をあげたい

■タイトル

喜び	よろこび	joy

■考えてみよう

習慣	しゅうかん	habit
自然なこと	しぜんなこと	something natural

■場面

開発途上国	かいはつとじょうこく	developing countries
教育問題	きょういくもんだい	educational problem
卒業論文	そつぎょうろんぶん	graduation thesis
NPO法人	エヌピーオーほうじん	NPO corporation
ラオスのこども		Action with Lao Children
代表	だいひょう	joint representative
〜氏	〜し	Mr./Ms. ...
活動	かつどう	activity; action
〜にインタビューする		interview (someone)
ラオス		Laos
ビエンチャン		Vientiane
日本政府国費留学生	にほんせいふこくひりゅうがくせい	Japanese Government Scholarship Student
来日する	らいにちする	come to Japan
大学院	だいがくいん	graduate school
教育学	きょういくがく	education
学ぶ	まなぶ	learn
(代表を)務める	(だいひょうを)つとめる	serve as (joint representative)
〜ほかに		besides ...: in addition to ...
ラオス女性	ラオスじょせい	Lao women
自立	じりつ	independence
(自立を)支援する	(じりつを)しえんする	support (independence)
ホアイホン職業訓練センター	ホアイアホンしょくぎょうくんれんセンター	The Houey Hong Vocational Training Centre for Women
在(ビエンチャン)	ざい(ビエンチャン)	situated in (Vientiane)
センター長	センターちょう	director of the center

幼稚園	ようちえん	kindergarten
(学校を)建設する	(がっこうを)けんせつする	build (a school)
(学校を)運営する	(がっこうを)うんえいする	run (a school)
教育改善	きょういくかいぜん	educational improvement
(改善に)取り組む	(かいぜんに)とりくむ	work on (improvement)

■聴解に必要なことば

絵本	えほん	picture book
(本に)触れる機会	(ほんに)ふれるきかい	chance to come in touch (with books)
(ラオス語に)翻訳する	(ラオスごに)ほんやくする	translate (into Laotian)
(本を)出版する	(ほんを)しゅっぱんする	publish (a book)
絵本作家	えほんさっか	author of picture books
現地の人	げんちのひと	local people
(現地の人を)養成する	(げんちのひとを)ようせいする	train (local people)
ワークショップ		workshop
(本を)販売する	(ほんを)はんばいする	sell (books)
流通システム	りゅうつうシステム	distribution system
読書推進セミナー	どくしょすいしんセミナー	seminar to promote reading
図書室	としょしつ	library; book room
(図書室を)開放する	(としょしつを)かいほうする	open (a library) to the public
家事	かじ	household chores
(家事から)解放される	(かじから)かいほうされる	be released (from household chores)
自己表現できる	じこひょうげんできる	be able to express oneself

■聞いてみよう

教師	きょうし	teacher
目的	もくてき	purpose
効果	こうか	effect
(〜に対する)意識	(〜にたいする)意識	awareness (towards ...)
親	おや	parent(s)

■話し合ってみよう

作者	さくしゃ	author
出版年	しゅっぱんねん	year of publication
あらすじ		story (of a book)
場面	ばめん	scene
思い出	おもいで	memory

■スクリプト

「今日は、お忙しいところ、お時間をいただき、ありがとうございます。」	「きょうは、おいそがしいところ、おじかんをいただき、ありがとうございます。」	"Thank you for sparing your time, today."
興味(を持つ)	きょうみ(をもつ)	(have) an interest
さっそくですが		(let me come into the point) right now
簡単に(説明する)	かんたんに(せつめいする)	(explain) briefly
実際には	じっさいには	actually
会	かい	association
ラオスの子どもに絵本を送る会	ラオスのこどもにえほんをおくるかい	Association for Sending Picture Books to Lao Children
友人	ゆうじん	friend
(会を)立ち上げる	(かいを)たちあげる	start up (the association)
〜のが始まり	〜のがはじまり	that is the beginning
保育園	ほいくえん	nursery school
呼びかける	よびかける	call out
はあ		I see ...<interjection>
「どうして(絵本を送ろう)なんて思ったんですか。」	「どうして(えほんをおくろう)なんておもったんですか。」	"How did you come to think of (sending picture books)?"
その当時	そのとうじ	at that time
子育てをする	こそだてをする	raise a child
姿	すがた	look
貧しい(国)	まずしい(くに)	poor (country)
(喜びを)味わう	(よろこびを)あじわう	experience (the joy)
まあね		(yeah,) kind of
作家	さっか	writer
なるほど		I see
素人	しろうと	amateur
(絵本)なんて	(えほん)なんて	such a thing like (a picture book)
研修(を受ける)	けんしゅう(をうける)	(receive) training
「わあ、すごい。」		"Wow! That's wonderful!"
「それが、(そんなに簡単じゃないのよ。)」	「それが、(そんなにかんたんじゃないのよ。)」	"Well, (things are not so easy.)"
(販売する)ルート	(はんばいする)ルート	route (of marketing)
文房具屋	ぶんぼうぐや	stationery
図書箱	としょばこ	book box
環境づくり	かんきょうづくり	creating an environment
その通り	そのとおり	exactly; you're right
しかも		in addition; on top of that
(勉強の)じゃまになる	(べんきょうの)じゃまになる	become an obstacle (of study)

〜に鍵をかける	〜にかぎをかける	lock ...
(本を読む習慣を)広める	(ほんをよむしゅうかんを)ひろめる	spread (the habit of reading)
(セミナーを)開く	(セミナーを)ひらく	hold (a seminar)
全国各地	ぜんこくかくち	all over the country
何百人っていう(先生)	なんびゃくにんっていう(せんせい)	hundreds of (teachers)
象	ぞう	elephant
自宅	じたく	one's own house
(子どもたちに)開放する	(こどもたちに)かいほうする	open (the library to children)
少しずつ(だけど)	すこしずつ(だけど)	(although it is) little by little
そのほかにも		other than that
ラオス各地	ラオスかくち	everywhere in Laos
子ども文化センター	こどもぶんかセンター	Children's Cultural Center
施設	しせつ	facility
放課後	ほうかご	after school
〜ばいいなあ		I wish ...
(自分に)自信を持つ	(じぶんに)じしんをもつ	have confidence (in oneself)

■ メッセージ

専門知識	せんもんちしき	technical knowledge
(日本全国を)旅する	(にほんぜんこくを)たびする	travel (all over Japan)
生活様式	せいかつようしき	life style
再評価する	さいひょうかする	revaluate
民間大使	みんかんたいし	private ambassador
(情報を)発信する	(じょうほうを)はっしんする	send (information)

● CDの音声データのダウンロード方法

1. PC・スマートフォンで音声ダウンロード用のサイトにアクセスします。
   QRコード読み取りアプリを起動し、以下のQRコードを読み取ってください。

QRコードが読み取れない方はブラウザから
「https://audiobook.jp/exchange/hituzi」にアクセスしてください。
※これ以外のURLからアクセスされますと、無料のダウンロードサービスを
　ご利用いただくことができませんのでご注意ください。
※URLは「www」等の文字を含めず、正確にご入力ください

▼

2. 表示されたページから、audiobook.jpへの会員登録ページに進みます。
   ※音声のダウンロードには、audiobook.jpへの会員登録（無料）が必要です。
   ※既にアカウントをお持ちの方はログインしてください。

▼

3. 会員登録後、**シリアルコードの入力欄に「67584」を入力**して「送信する」をクリックします。
   クリックすると、ライブラリに音源が追加されます。

▼

4. スマートフォンの場合はアプリ「audiobook.jp」をインストールしてご利用ください。
   PCの場合は、「ライブラリ」から音声ファイルをダウンロードしてご利用ください。

〈ご注意〉
- ダウンロードには、audiobook.jpへの会員登録（無料）が必要です。
- PCからでも、iPhoneやAndroidのスマートフォンからでも音声を再生いただけます。
- 音声は何度でもダウンロード・再生いただくことができます。
- 上記のURL以外からはアクセスできません。URLの入力間違いにご注意ください。
- ダウンロードについてのお問い合わせ先：info@febe.jp（受付時間：平日の10:00～20:00）